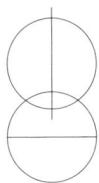

新中日文化交流史大系

国家出版基金项目
NATIONAL PUBLICATION FOUNDATION

孔子在日本

邢永凤 李月珊 著

浙江人民出版社

总　序

中日文化交流的历史悠久而灿烂，历代名人辈出且留存史料丰赡，在中日两国学术界备受关注，多年来，该领域积淀了无数的学术研究成果。

日本学者辻善之助《增订海外交通史话》、藤田元春《上代日中交通史研究》、木宫泰彦《日中文化交流史》均出版于半个世纪前，这三部著作堪称中日文化交流史领域的先驱作品，至今仍有其重要意义。其中《日中文化交流史》经胡锡年翻译成中文后，更是对从事该领域研究的中国学者产生了莫大的影响。森克己围绕"宋日贸易"所著的《日宋贸易之研究》《续日宋贸易之研究》《续续日宋贸易之研究》《日宋文化交流之诸问题》四部扛鼎之作，搜集网罗该领域的基本史料，夯实了该领域的研究基础。田中健夫的《对外关系与文化交流》《中世对外关系史》等书聚焦元明时期，他继承了森克己的学术理念，着眼于东亚地区，促成了该领域的新发展。

此外，实藤惠秀研究清末时期的中国留学生（《中国人留学日本史》），大庭修研究江户时代中国书籍的流通（《江户时代中国典籍流播日本之研究》），池田温围绕法制研究中日交流史（《东亚文化交流史》），小曾户洋、真柳诚研究中日医学交流史（《汉方的历史》），等等。学者们均在各自的研究领域颇有建树，取得了不俗的成绩。近年来，这一领域的学术新人亦层出不穷，如森公章、山内晋次、田中史生、榎本涉、河野贵美子、河内春人等活跃在国际学术舞台，成果频出，备受瞩目。

回看中国，除了民国时期王辑五所著《中国日本交通史》，我国学者对这一领域的真正研究，始于1972年中日两国邦交正常化之后。

史学领域，汪向荣的《古代的中国与日本》与王晓秋的《近代中日文化交流史》发掘新资料、提出新见解，代表20世纪该领域的顶尖水平；杨栋梁主编六卷本《近代以来日本的中国观》，称得上是"从周边看中国"的佳作。

文学方面，20世纪末严绍璗的《中日古代文学关系史稿》与王晓平的《近代中日文学交流史稿》珠联璧合，以其宏大的视角与浑厚的国学底蕴，全面梳理中日文学交流千年史脉，至今仍被视作经典。

考古学分野，王维坤的《中日文化交流的考古学研究》以出土文物为据，实证中日文化交流史事；尤其是王仲殊，围绕"三角缘神兽镜"提出"东渡吴人制镜说"（《王仲殊文集》第二卷），在日本学界引起甚大反响。

思想史层面，王家骅的《儒家思想与日本文化》关注儒家思想在日本的变容，内容极富创见；刘岳兵的《明治儒学与近代日本》探究"西化"氛围中传统儒学的命运，提出富有挑战性的命题。

此外，来自中国台湾地区、香港地区、澳门地区的学者也是一股不可忽略的研究力量，如研究明代中日关系史的郑樑生，研究东亚教育圈的高明士，研究中日书籍翻译史的谭汝谦等人，都有丰硕的研究成果问世。

综上所述，在中日文化交流史领域，日本学者比中国学者早一步着手研究，凭借对基础史料的收集、整理、解读，在学界独领风骚多年。但近20年来，中国学者潜心研究，积极吸收国内外优秀研究成果，终于取得了飞跃性进步，研究水平达到国际水平，甚至在一些特定的"点"和"线"上有领先之势。

形成上述局面的原因主要有两点：首先，中国学者的汉语功底扎实，不仅能解读日本的汉语史料，还能从中国的历史文献与新出土文物资料中发掘新史料；其次，自1972年中日两国邦交正常化以来，留学日本后归国的中国学者大多数不仅有阅读日语文献资料的能力，还具备撰写外语论文及学术著作的水平。

这些年来，在从事中日文化交流史研究的中国学者中，有不少人因为其杰出的学术成果在国际学术界受到高度评价，甚至获得重量级学术奖项。如：王仲殊因对"三角缘神兽镜"的突破性研究，获得"福冈亚洲文化奖"；严安生因对日本留学精神史的精深研究，获得"大佛次郎奖"；严绍璗因在中日文学交流史领域的巨大贡献，获得"山片蟠桃文化奖"；王晓平因从事汉诗与和歌的比较研究，获得"NARA万叶世界奖"；王勇因提出"书籍之路"理论，获得"国际交流基金奖"；等等。

中日文化交流史为中日两国共有的研究主题，从事该领域研究的学者同人们交流互动亦非常频繁。20多年前，由浙江人民出版社推出的"中日文化交流史大系"正是其成果之一。

30年前的春日，我邀请中日比较文学界的国际知名学者中西进先生到杭州大学（现浙江大学）作专题讲座。讲座结束后，时任杭州大学校长沈善洪先生让我陪同中西进先生一同考察江南园林史迹。1991年5月18日，在无锡的一家酒店中，我与中西进先生共同商定了"中日文化交流史大系"的选题计划。该计划得到了许多同人的帮助，进展顺利。该丛书日文版定名为"日中文化交流史丛书"，自1995年7月起依次出版，共十卷；中文版定名为"中日文化交流史大系"，由浙江人民出版社于1996年11月一次性出版十卷。

此后20多年间，随着考古文物资料的出土及文献资料的不断发现，中日学术界的理念及研究方法也有新的发展，中日两国的人文学术交流更是不断深入。基于此，作为中日文化交流史的研究学者，我认为召集中日两国的学者重新审视两国之间文化交流历史的机缘已然成熟，也正是出版"新中日文化交流史大系"的最佳时机。

20多年前出版的"中日文化交流史大系"以专题史的形式，把全套书分为历史卷、法制卷、思想卷、宗教卷、民俗卷、艺术卷、科技卷、典籍卷、人物卷、文学卷等十卷，而每卷又都是由多人共同执笔的通史体裁著作。"新中日文化交流史大系"（第一辑）共有九卷，邀请了研究中日文化交流领域备受关注的学者，让其用通俗易懂的语言为读者讲述其最新的研究成果，力求做到"有趣有用"。

本丛书于2016年入选国家"'十三五'国家重点出版物出版规划"，2020年入选国家出版基金资助项目。此外，本丛书还得到2017年度国家社科基金重大项目"中日合作版'中日文化交流史丛书'"（首席专家：葛继勇）与浙江大学"双一流"项目"经典文化传承与引领——《东亚汉典》编纂与研究"（主持人：王勇）的支持。在此特别向支持本丛书的各单位和个人表示谢意。

悠久且灿烂的中日文化交流史，是世界文化交流互鉴历史中的瑰宝。希望本丛书能够为新型中日关系的构筑以及两国民众的相互理解略尽绵薄之力。是为序。

浙江大学日本文化研究所

王　勇

2021年10月1日

前　言

　　孔子是春秋时期的思想家、教育家，儒家学说的创始人。他不仅是中国文化的杰出代表，也是世界文化名人。在欧洲，孔子被列为"世界十大思想家"的第一位；同时，孔子也被联合国教科文组织评为"世界十大文化名人"之一。孔子所开创的儒家文明，与基督教文明、伊斯兰文明并称为世界三大文明。同时，《论语》也在世界各国得到广泛的传播与研究，以研究《论语》著称的美国克里尔教授、日本学者和辻哲郎教授都把孔子称为"人类的导师"。

　　孔子学说所代表的儒家文化源远流长，它不仅决定了中华民族的文化性格，而且在漫长的历史过程中发展成为中华民族的民族精神。不仅如此，孔子及记载其言行的《论语》对日本、韩国等邻国也产生了重要的影响，成为构成东亚文化圈的核心要素。学界对于孔子的思想、言行等对日本的影响已经有了众多的研究成果，但日本对孔子的祭祀、崇拜、神秘化，以及讽喻、言说等诸多方面，还有待挖掘。

　　本书将从两个侧面对日本历史上的孔子形象进行研究，一个是作为信仰对象的孔子，一个是作为认识对象、言说对象的孔子。第一部分聚焦作为信仰对象的孔子，探讨日本孔庙、孔子像、孔子祭的发展历史。该部分分四章进行论述：

　　第一章《日本的孔庙》，考察各个历史时期孔庙的形制变迁，包括日本最古老的大学寮庙堂、中世武士与僧侣的孔庙、近世孔庙的繁荣、近现代的孔庙等内容，探讨贵族、僧侣、武士、庶民等阶层与孔庙建设的关系，由此可知日本各阶层对孔子的尊崇程度。

第二章《可视化的孔子：日本的孔子像》，考察日本遗存的孔子画像或雕像，包括近世以前的孔子像、汤岛圣堂的孔子像、多久圣庙与闲谷学校的衮冕孔子像、像与木主的问题、日本的盘腿坐像等内容，讨论外来儒学、佛教对孔子视觉形象的改造及影响。由此可知孔子在日本宗教界、教育界的地位。

第三章《日本的祭孔仪式：释奠、释菜仪节》，考察祭祀孔子的释奠、释菜仪式的历史变迁，包括释奠与释菜的传入与名称、《延喜式》中的释奠、近世前期林家塾对《沧州精舍释菜仪》等释菜仪节的探索、近世中后期汤岛圣堂的释菜仪节对明代释奠的参照以及对《延喜式》的回归、赴日朝鲜人与中国人带来的仪节等内容，探讨外来的孔子祭祀仪式在日本的引进与改造过程，通过对比探究孔子形象在东亚儒家祭祀中的共通性与地域性。

第四章《祭孔仪式的日本化》，考察祭孔仪式在祭品、祭祀方式、附属活动方面的日本化特征，包括对肉类祭品的忌讳、与孔子同祀的日本人与日本神、神道式的祭孔典礼、伴随礼仪的讲经作诗活动等内容，探讨孔子在祭祀礼仪中的地位变迁，尤其是和日本神灵之间的关系。由此可知孔子所代表的学问和文化与日本本土的民俗信仰、神祇文化存在相互对抗、相互融合、相互妥协的发展过程。

本书的第二部分聚焦日本人言说（discourse）中出现的孔子形象，主要探讨古代诗歌、中世佛教故事集、近世不同学派学说中出现的孔子，以及近代以后汉学家、史学家、文学家对孔子及其学说的评价。该部分分三章进行讨论：

第五章《古代日本的孔子认识》，考察古代及中世时期文学作品中的孔子形象，包括以菅原道真为代表的平安贵族的汉诗中的孔子、以《今昔物语集》为代表的佛教故事集中出现的孔子等内容，讨论古代日本学者对孔子的崇拜之情与学者自身理想的关系、佛教故事集中处于礼赞与讽喻之间的孔子。由此可知儒家文化在古代日本人认识形态中的存在状态。

第六章《近世学者的孔子观》，考察近世儒家学者、国学者对孔子本人的评价与讨论，包括林家学者、暗斋学者、徂徕学者、水户学者、皇学派及国学派的孔子观等内容，讨论孔子形象的神化与人性还原的动态过程，把握孔子形象与政治权力的关系，进而理解儒家文化在日本政治及思想领域的深刻影响。

第七章《井上靖〈孔子〉与〈论语〉》，为今后进一步探讨日本近现代文学作品中的孔子形象提供研究范例。

第八章《20世纪日本的孔子研究概观》，简述战前及战后的孔子研究概况。具体包括汉学家们的孔子阐释以及历史学家、文学家的孔子演说，讨论战前与战后日本学者、作家对孔子的多样的言说、研究状况，揭示孔子在日本被不断言说的历史过程，及其背后的原因所在。

终章《孔子在日本的历史轨迹及文化命运》得出结论，总结主要观点。

因"孔子在日本"这一主题不仅涉及历史、思想，还涉及建筑、教育、政治、文学等多方面内容，是一个开放性的、跨学科的课题，因此本研究尽量克服历来日本儒学研究中只重视主流思想家理论学说的做法，考察分析反映孔子形象的各种历史现象，试图通过"孔子"这样一个文化符号来更加全面、综合地把握儒家文化在日本社会各阶层、各时代的不同特征，从而使得问题不再局限于哲学式的抽象讨论，而是更加可视、具象，也更加立体。同时，本研究尽量打通历史、思想、礼仪、文学等研究领域的学科壁垒，"孔子"这一贯穿全书的主线成为多个学科的联结点。因此，本研究为今后的跨学科综合研究提供了可能性。

有学者指出，"孔子形象的建构与变迁，系东亚各国思想与文化变迁之温度计，既显示东亚各国历史之转折点，又显示东亚各国儒家知识系统与政治权力系统之间的不可分割性、互为紧张性及其不稳定之平衡性"[1]。而研究"孔子在日本"最根本的目的，就在于通过日本人接受孔子、崇拜孔子、讽喻孔子、言说孔子的历史变迁过程，揭示儒学在日本的历史发展轨迹，洞察日本多样化的孔子认识、中国认识。

1　黄俊杰编:《东亚视域中孔子的形象与思想》，台湾大学出版中心2015年版。

目　录

第一章
日本的孔庙

　　所谓的"庙"，原本是指祭祀祖先的宗庙。古代中国人的生死观中，人的魂魄在归天成神之后，会回应生者对其的追念祈祷，重新返回这个世界。庙之所以被建在远离墓地的地方（即庙与墓的二重制），正是因为人们拥有与死亡这一事实相悖的、灵魂不灭的愿望。[1]以死者崇拜为起源的宗庙祖灵信仰，后来也被纳入了儒教的框架体系之中。如《孝经》中讲明：人们对宗庙表达敬意，为的是不忘怀去世的亲人。而祭祀孔子之灵的庙——"孔庙"的出现，起初也是出于对先师孔子的追念，后来随着儒教地位的提高，具备了更为丰富和深刻的象征意义。

　　孔子去世于公元前479年。翌年，鲁哀公在孔子的故居建起了庙宇，安排管理者进行了祭祀——这是孔庙修建的起源。当时孔庙的建筑物仅有三间，其中陈列有孔子生前爱用的"衣类、冠、琴、车、书"等物。公元前195年，汉高祖刘邦到访鲁地时前去参拜孔庙，以太牢（牛、羊、猪）祭祀孔子。此举开启了帝王尊崇孔子的新篇章。后来，儒学在西汉成为官学，孔庙的建立和修复成了国家的重要政策。北魏孝文帝太和年间（477—499），朝廷下达诏书，要求各郡县建立学校并祭祀孔子。唐贞观元年（627），朝廷下令全国各地的学校都要设立孔庙。

1　[日]三浦国雄：《廟——中国における神・人の交わり》，《白井晟一研究（二）》，南洋堂出版社1979年版。

官立学校中除了祭祀孔子，还祭祀颜回等孔门弟子及后世的儒者。学校教育设施与孔庙逐渐形成一种组合，所谓的"庙学制"逐步成熟。[1] 宋、元、明、清时期，孔庙制度得到了进一步的发展。

在日本，孔庙也被称为"先圣殿""孔子堂""圣庙""圣堂"等。[2] 日本孔庙的历史很大程度上反映出儒教在日本的发展过程及特色。儒教经典与相关理念在古代日本律令制国家的建设中得到采用，此后儒教文化源源不绝地从中国传入日本，逐渐形成了具有日本特色的儒教。日本孔庙的变迁与日本儒教的命运紧密相连。本章将对日本孔庙的历史进行整体性考察，并试图由此来把握日本儒教从古至今的演变过程。

第一节
日本最古老的孔庙：大学寮庙堂

古代日本在律令制度下设立了由式部省直辖的官僚育成机构——大学寮。据说大学寮从天智、天武天皇时期（7世纪后期）开始就存在了，而其具体制度的确立是在文武天皇时期（697—707）。起初，大学寮的教育内容以"明经道"为中心，后来教授汉文学的"纪传道"地位上升。此外，明法生、得业生制度以及大学寮公廨田（后来的劝学田）制度等逐渐得以完备。从大宝元年（701）开始，大学寮便开始举行祭祀孔子的仪式——释奠[3]。《续日本纪》大宝元年二月丁巳条记载："释奠之礼，于是始见矣。"这是史料中可见的有关日本祭孔的最早记录。

1　参考高明士：《中国中古的教育与学礼》，台湾大学出版中心2005年版。

2　在中国也被称为"孔庙""夫子庙""文庙"。

3　"释奠"是指在阴历二月、八月的第一个丁日（上丁日）祭祀以孔子为首的先圣先师的仪式。

大宝二年（702）开始施行的《大宝令》中的"学令"也规定："凡大学、国学，每年春秋二仲之月上丁，释奠于先圣孔宣父。其馔酒、明衣所需，并用官物。"此处的"大学"指的就是大学寮，与地方的"国学"一样，每年二月及八月举行释奠，仪式所需的衣服及祭品等都由官府提供。

不过，当时释奠所需的种种器物并不完备。从 8 世纪前半叶的养老年间至天平年间，对释奠仪式的整备作出极大贡献的是吉备真备（695—775）。吉备真备曾两次入唐，回国时将《唐礼》（显庆礼）130卷、《开元礼》150 卷以及乐器、孔子画像等带到了日本。有关他的传记中写道："先是大学释奠，其仪未备。（吉备）大臣依稽礼典，器物始修，礼容可观。"[1]也就是说，吉备真备依照唐礼制作释奠器物，使礼仪得以整备。可以推断，大学寮的孔庙——"庙堂"是在这个时期模仿唐制建立起来的，然而其具体样貌因缺乏史料而不得而知。

到了平安时代，庙堂的形制逐渐清晰起来。经历了《弘仁式》《贞观式》等律令细则的编撰以后，朝廷于延长五年（927）最终编撰完成《延喜式》，其中，"大学寮"这一条目记录了对释奠仪式的具体规定。可以看出，向孔子等圣贤献上供品的祭祀步骤（该步骤通常被称为"馈享"或"未明祭"）所举行的场所为"庙堂"，也就是孔庙。释奠当日除了庙堂祭祀以外，还在"都堂"举行儒教经典的讲读活动（七经轮转讲读[2]）。当时大学寮的庙堂及都堂的配置图如下（图 1 – 1）：

---

1 《续日本纪》天平十一年十一月辛卯条、宝龟六年十月壬戌条。
2 "七经轮转讲读"是指从《孝经》开始，依次进行《礼记》《毛诗》《尚书》《论语》《周易》《左传》的讲读和议论。循环一轮后再次从《孝经》开始，不断重复这一过程。

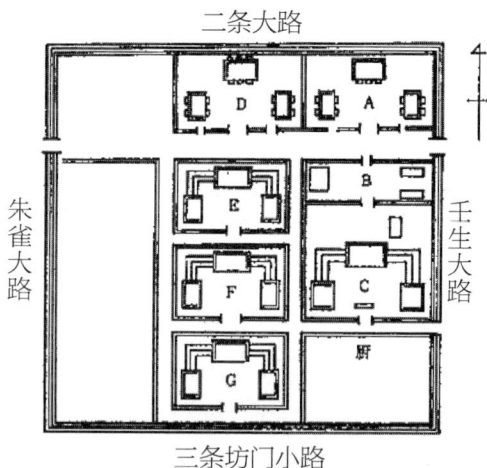

图1-1 大学寮推定图

A庙堂院（庙堂或称孔堂、东舍、西舍）

B庙仓院（庙仓、屋舍）

C本寮（正厅、东厅、西厅）

D都堂院（都堂、东堂、西堂）

E明经堂院（本堂、东舍、西舍）

F算道院（本堂、东舍、西舍）

G明法道院（本堂、东舍、西舍）

此大学寮图是参照江户时代中期"有职故实家"、精通掌故学的人里松国禅（1736—1804）所著《大内里图考证》而绘制的。从图中可以看出，大学寮被分为九个区域，分别由瓦顶泥土墙围起，其中配置着不同的建筑物。庙堂院与都堂院位于北边的二条大路一侧；庙堂院南侧隔着道路是庙仓院；都堂院的南侧隔着道路是明经道院、算道院和明法道院，三院呈纵向排列。在庙堂院的内部，庙堂作为正殿位于中央偏北处，坐北朝南，其前庭的东西两侧为侧殿，即东、西两舍。庙堂院西侧的都堂院的内部建筑排列与此类似，即中央为都堂，东、西堂分列两侧。

释奠当日，向孔子进献供品的仪式在庙堂举行，随后的讲经、宴会等步骤在都堂举行。庙堂和都堂是承担不同职能的空间。庙堂仪式的参加者以大学寮的博士及学生为主，而都堂的讲经活动则有阶层更广泛的贵族参加。如果与古代东亚普遍存在的学校制度——"依庙建学"的"庙学制"[1]相对比，可以发现，庙堂院相当于孔庙祭祀区域（即"庙"），都堂院为学问区域（即"学"）。可见，当时日本的大学寮与中国唐代的国子监类似，采用了比较完备的庙学制度。

关于庙堂的构成部分，《延喜式》"大学寮"条记载了"庙户""庙室""庙庭""庙门"等名称。庙堂也被称为"孔堂"，如《中右记》嘉保元年（1095）八月条中记载了当月的释奠，其中便有"各入孔堂"的记述。[2]

另一方面，地方的国立学校也存在孔庙。考古发现的古代学校遗址中，福冈县太宰府市的大宰府学校院遗址较有代表性。大宰府学校院是律令制度下的官员培育机构，其年代大约在8世纪末至9世纪初，其建筑排列有诸多不确定之处，但有研究推测存在孔庙的可能性极高。从文献资料来看，证明地方国立学校设施中存在孔庙的是菅原道真（845—903）的诗歌《州庙释奠有感》。[3]该诗是菅原道真在任职赞岐守期间（886—890）参加赞岐当地国立学校的释奠时创作的，其内容为："一趋一拜意如泥，蹲俎萧疏礼用迷。晓漏春风三献后，若非供祀定儿啼。"说明当时赞岐地区的"州庙"中祭祀用品非常简陋，仪式参加者

1　有关庙学制的内容，参照高明士：《廟学制の成立と発展——伝統的学校の基本構造の探索》，《法史学研究会会報》第7号，2002；黄进兴：《伝統中国における孔子廟祭祀とその宗教性》，［日］林雅清译，吾妻重二、二阶堂善弘编：《東アジアの儀礼と宗教》，雄山阁2008年版。

2　［日］东京大学史料编纂所：《大日本古记录：中右记》，岩波书店1996年版。

3　［日］波户冈旭：《菅原道真の釈奠詩——式部少輔時代以後》，《礼仪文化》第29号，礼仪文化学会，2001年。

的动作非常迟缓，毫无生气。可见，在地方，整备释奠制度并非易事，在很多地区，孔庙未能充分发挥应有的功能。

到了平安时代后期，大学寮庙堂院的释奠随着律令制度的瓦解及大学寮制度的形骸化而逐渐衰落了。治承元年（1177），大学寮在火灾中被烧毁，此后再未被重建。释奠这一仪式被转移到了太政官厅[1]中举行。太政官厅中设有孔子的祭坛，但已无单独的孔庙建筑。应仁之乱（1467—1477）以后，太政官厅的释奠也断绝了。到了中世时期，中央贵族已无力经营孔庙，武士、僧侣取而代之，在孔庙的建设过程中逐渐发挥重要作用。

第二节
中世武士与僧侣的孔庙

中世时期的地方学校中最有名的是足利学校。关于足利学校的创设者是谁有多种说法，其中较有说服力的有小野篁创设之说与足利义兼创设之说。现在一般认为小野篁创设之说是中世人杜撰的，而足利义兼创设之说更贴近事实真相。关于足利义兼（1154—1199）与足利学校，后世有这样一个传说：

> 足利义兼尝创学校于足利，纳自中华所将来先圣十哲画像、祭器、经籍等，世推曰足利学校，其后百余年而灾。源尊氏出奔西海，与菊池战于多多良滨，时默祷孔庙，遂得胜矣，于是再造圣庙以崇奉之。以先祖之所创，世世不绝祭祀。

1　太政官的厅舍，在大内里的内部，位于八省院东部。

6

由此可知，足利学校由足利义兼建立，里面安放着从中国带来的孔子及十哲的画像。后来足利尊氏（1305—1358）在与菊池氏交战之际前往足利学校的孔庙进行祈祷，并由此获得了多多良滨战役（1336）的胜利。于是足利尊氏相信孔庙的灵验，重新修葺了足利学校的孔庙，崇信圣贤，从此祭祀不断。这段记述出现于日本近世（《分类年代记》，载于《东海谈》，日本内阁文库藏），是否为史实仍有待考证，但它作为足利学校的由来之一后来广为人知。不过，当时足利学校供奉的孔子画像及孔庙建筑都未能留存，现存的足利学校孔庙是宽文八年（1668）重新修建的，其中安放着天文四年（1535）制作的孔子木像。

到 15 世纪时，镰仓公方足利持氏的执事上杉宪实（1410—1466）曾再兴足利学校，并在圣庙举行释奠仪式。永享十一年（1439），临济宗僧侣快元（？—1469）成为足利学校第一代"庠主"（即校长），此后历代庠主都由僧侣担任。足利学校的学生也都是僧人模样，学校生活采用禅林生活样式。这也体现出了僧侣作为中世学问承担者的重要地位。

然而，由僧侣主导的足利学校为何要保留孔庙、祭祀孔子呢？这与足利学校的教学内容有很大关系。当时，足利学校的教学重心是佛经以外的"外典"，即儒学经典，其中尤以易学为重。学校讲授《周易注疏》等书，并教授占筮的技术。在室町时代中期，足利学校的讲学活动达到极盛，其中包括兵书的讲解。而易学在当时作为一种与占筮术、兵法战术密切相关的实用性学问受到武士的重视。足利学校的很多学生学习易学，是出于为武士作战服务的直接需要。虽然足利学校设立之初的意图是进行汉学教育，但实际上却成了为武士社会培养军事顾问的一种高级职业教育场所[1]。也正因如此，足利学校得到了武士阶层的大力支持。

由此，作为易学之祖的孔子便受到了推崇。足利学校现存的永禄年

1　[日]川瀬一马：《足利学校の研究》，大日本雄弁会讲谈社1948年版。

间（1558—1570）的文书中载有"占筮传承系图"，其中可见"占筮"的传承关系："孔子—商瞿木子—晦庵—（本朝）菅家—小野侍中（篁）—万象—梦庵——柏现震—宗寿—九泽启遵—九华。"[1] 可以看出，以孔子为始祖的占筮术传到日本后被历代足利学校的庠主继承了下来。因此，在重视占筮和易学的足利学校中祭祀孔子也就不足为怪了。

中世还有一处有名的孔庙——九州菊池氏的孔子堂。文明四年（1472），担任肥后国守护职位的菊池重朝[2] 与其父亲菊池为邦、重臣隈部忠直一起在隈府城山脚的高野濑建造了一座孔子堂，祭祀孔子与十哲。其领区内的武士们常聚集于孔子堂，进行儒学的学习。

文明八年（1476），桂庵玄树[3] 在云游九州期间曾访问菊池地区，菊池重朝趁此向他求教。文明九年（1477）二月，菊池重朝邀请桂庵玄树来孔子堂参加了释奠。桂庵玄树就此作诗一首，题为《菊池客舍之上丁日观孔庙春祀之盛礼》[4]。虽然此处所说的"孔庙"建筑究竟是何种形制不得而知（现仅存"孔子堂之遗址"，参照图1-2），不过诗中描绘了武士和僧侣们都来参加孔庙"盛礼"的情形。诗的全文如下："太平奇策至诚中，春奠贲筵陪泮宫。泗水吹添菊潭碧，寒云染出杏坛红。一家有政九州化，万古斯文四海同。弦诵未终花欲暮，黄烟扑袂画帘风。"诗中描绘的和平安宁的风景，与当时陷入战乱的京都相比简直是另一个世界。桂庵玄树在此赞扬了菊池家浓厚的学问气氛，并对他们的儒学教

1　[日]川瀬一马：《足利学校の研究》，大日本雄弁会讲谈社1948年版。

2　菊池重朝（1449—1493）被称为"菊池文教之祖"。其统治据点为肥后隈府（熊本县菊池市）。他的文学教养极高，频繁开展法乐、连歌会等活动。文明十三年（1481）曾在隈府领地内举行武士与僧侣共同参加的万句连歌会。

3　桂庵玄树曾求学于京都南禅寺，应仁元年（1467）渡明学习宋学。文明五年（1473）回国，此时京都发生了应仁之乱，于是他移居下关永福寺，后受岛津氏邀请前往萨摩。桂庵玄树的学派被称为萨南学派，对江户时代的朱子学产生了极大影响。

4　出自桂庵玄树的《岛隐渔唱集》。

育实践表示支持。

中世时期，像菊池氏这样爱好学问并祭祀孔子的例子并不多。虽然有的武士重视实用的易学、占筮，或是对文学、教养抱有个人的兴趣，但是这种现象在全国范围内并不普遍。到了后来的江户时代，情况才有了变化。随着武士政权的重新统一以及和平时代的到来，出现了由"武"向"文"转变的风气。在江户时代，也就是日本近世，学校教育与孔庙建设迎来了最繁荣的时期。

第三节
近世孔庙的繁荣

到了近世，儒学从僧侣的外典之学中独立出来，专门以儒学为业的"儒者"出现了。这个时代，武士和儒者都为孔庙的建设付出了努力。天正、文禄时期，从僧人还俗的儒者藤原惺窝（1561—1619）曾建议武将赤松广通（1562—1600）修建孔庙，并进行了释奠礼的演习。《惺窝先生行状》中记载："劝别构一室，安圣牌以拟大成殿，试使贞顺等诸生习释奠之礼。"[1]此外，来日朝鲜人姜沆写的《看羊录》中也有类似记载："（赤松氏）又尝得我国五礼仪书、郡学释菜仪目。于其但马私邑督立孔子庙。又制我国祭服祭冠，间日率其下使习祭仪。"[2]由此可知，赤松氏曾得到朝鲜的礼仪书，在但马竹田地区建造孔庙，并进行了

---

1 ［日］林罗山：《林羅山文集》，鹈鹕社1979年版，第463页。其他地方也可见类似描述，如堀杏庵曾讲："先生，会姜沆问释奠仪。赤松为之假张大成殿于野外，建圣牌，设祭器。"（《杏阴集》卷十七，《吉田之元行状》）

2 姜沆：《贼中间见录》，收于其《睡隐集·看羊录》。参考［日］吾妻重二：《江戸初期における学塾の発達と中国·朝鮮——藤原惺窩、姜沆、松永尺五、堀杏庵、林羅山、林鵞峰らをめぐって》，《東アジア文化交渉研究》第2号，2009年。

释奠。此外，近世孔庙较早的例子还有宽永六年（1629）以前就已设立的名古屋城内的"圣堂"[1]。该圣堂是尾张藩主德川义直（1601—1650）下令建设的，其具体样貌可见于江户初期名古屋城二之丸的绘图《中御座之间北御庭惣绘》[2]（图1-3）。图中，庭园右侧（东侧）写着"金声玉振阁"的八角形建筑物就是圣堂。

图1-2　《中御座之间北御庭惣绘》（部分）

近世最有名的孔庙当属在德川义直和将军的支援下设立的林家学塾的圣堂。该圣堂起初为林家学塾的私有建筑，后来被转移到汤岛地区，其规模不断扩大，最终成为幕府学问所的重要标志，全国各地的儒者纷纷前来求学和瞻仰。该圣堂也成了各藩孔庙模仿的典范，象征着幕府儒学教育的中心地位。该圣堂的发展过程具体梳理如下：

庆长年间（1596—1615），儒者林罗山（1583—1657）计划在京都设立学校，并获得了德川家康的准许，但因恰逢大阪之战而未能实现。宽永七年（1630），第三代将军德川家光将忍冈的住地赐给了林罗山，

1　林罗山在《拜尾阳圣堂》（收入其文集卷六四）一文中描写了圣堂的圣像及神龛。该文作于宽永六年十二月，由此可知圣堂在此之前就已存在。

2　日本蓬左文库藏。

并赐其黄金二百两，用来经营塾舍和书库。[1]宽永九年（1632），在尾张藩主德川义直的协助下，林罗山在忍冈建造了孔庙。德川义直题写了孔庙匾额"先圣殿"，并将孔子像、四配像（即颜子、曾子、子思子、孟子之像）以及祭器安置其中。宽永十年（1633），先圣殿首次举行了释奠的简略仪式——释菜。

先圣殿这个空间对于林家的儒者来说具有特别的意义。林罗山在《武州先圣殿经始》中讲道："于是我道之将行也，可以待矣。"[2]可见，在先圣殿设立之际，林罗山对其象征的"我道"（即儒学）的兴隆寄予了很大的期待。在这里应该注意林罗山长期以来所处的两难境地——他虽自诩为儒者，对佛教有着强烈的批判和对抗意识，但同时为了留在统治者身边又不得不剃发为"僧形"，接受"法印"之位。因为近世初期，幕府还没有为作为政治顾问的儒者设立专门的职位，这就使儒者面临身份认同上的困境。对林罗山来说，林家塾的先圣殿正是宣示儒教独立的一种象征。林罗山意识到先圣殿的地界与东睿山宽永寺毗邻的事实，曾表达出期待"文运"能从佛教（寺院）转向儒教（先圣殿）的强烈愿望。[3]

林罗山去世后，其子林鹅峰（1618—1680）成为一家之长，继承了父亲的儒学事业。林鹅峰时常在先圣殿的释菜仪式中祈祷圣贤保佑林家家业的永续。值得注意的一点是，当时的林家塾（时称"弘文馆"）除了学寮、编纂所等建筑外，还存在祭祀孔子的圣堂空间与祭祀林家祖

1　参考［日］黑板胜美：《続國史大系》卷十《德川實紀》第二编《大猷院殿御實紀》，经济杂志社1902年版。

2　［日］林罗山：《林羅山文集》，鹈鹕社1979年版，第766页。

3　例如宽永十六年（1639）所作的《正月四日赴家塾拜大成殿》一诗中表达了对文运兴隆的强烈愿望。具体参照李月珊：《近世初期林家塾の释菜礼と聖人の道》，《文芸研究》第180号，2015年。

先的祠堂空间（图1－3）。林鹅峰在宽文三年（1663）将父母等人的神主（灵位）迁置于弘文馆，并于每月朔、望、忌日举行祭祀。[1]宽文七年（1667），又将林家的祠堂从自家住宅迁移到了先圣殿的旁边。[2]

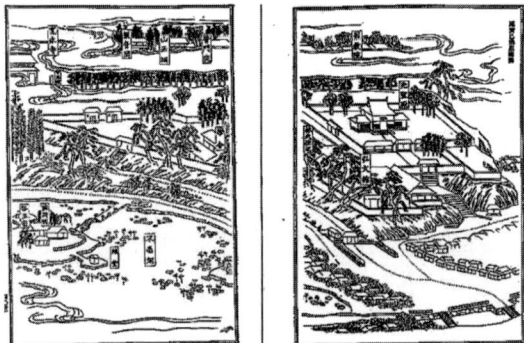

图1－3　《延宝己未忍冈图》（犬塚印南《昌平志》）

在弘文馆的圣堂空间与祠堂空间中分别举行着祭祀圣贤的"释菜"与祭祀祖先的"家祭"，两种祭祀在很大程度上被寄予了相同的愿望。例如延宝四年（1676）二月，林鹅峰在释菜结束后接着举行了家祭，在家祭中向祖先报告了释菜的近况。从当时的告文《释菜后告祠堂文》中可以看出，林鹅峰向"显考"林罗山之灵报告了近年来释菜持续不断举行的盛况以及"水户相公"（水户藩主）、"国老"、"执政"等为政者对释菜的积极参与。[3]同样，林鹅峰在释菜仪

1　"先考月忌日，奉安神主于弘文书院床坛，供粢盛烧香进酒茶果而拜，而诣坟墓。余营祠堂于本宅，每时拜祭不怠，今般以官事移居于此，未能营祠堂，故奉戴考妣等神主而来。自此后，朔望忌日可如今日，他后可营祠堂于此。"[日]林鹅峰：《国士馆日录（一）》，续群书类从完成会1997年版，第11页。

2　"甲辰之冬，辱奉官命，修撰国史，乃去本宅而徙别业。虽不阙时祭，然无遑营祠堂，方今长子恕早世，本宅无主。修史未成，仆之归家未可图，故移祠堂于别业，奉安显考显妣于堂中，而以亡兄敬吉配之，以亡嗣恕为从祀，而奉置显伯祖及妣……"[日]林鹅峰著，日野龙夫编集：《鹅峰林学士文集（下）》卷六十六，《近世儒家文集集成》，鹈鹕社1997年版，第105页。

3　"春秋释菜，显达来拜，更无间断。去年之秋，水户相公以懿亲之贵，今年之春，国老执政以权威之任，共来观祭仪。"《鹅峰林学士文集（下）》卷六十六，《近世儒家文集集成》，鹈鹕社1997年版，第107—108页。

式中也时常赞扬林家祖先在儒学上的功绩，向圣人表达自己维护家业的决心。他时常向圣人祈祷："镇座安稳以长以久，而家运亦受保佑之护也。"[1]也就是说，祈祷圣人能永远"镇座"于此，守护林家的家运长盛不衰。

到了林家第三代继承人林凤冈（1645—1732）时期，爱好儒学的第五代将军德川纲吉曾数次参拜林家圣堂，并为圣堂的扩大及礼仪的整备提供了很大的支持。德川纲吉赐予林凤冈"弘文院学士"的称号，将其作为自己的讲师（经筵侍讲）加以重用。元禄四年（1691），林凤冈作为林家儒者首次受命蓄发，并被授予了"从五位下·大学头"的职位。"大学头"是幕府官职制度中新设立的正规官职，可以说，林家家主由此完成了从僧侣到儒者的彻底转变，儒者"身份"上的问题得以解决。

就在这一年，林家的圣堂从忍冈搬到了汤岛（神田台），并新建了宏伟的正殿（大成殿）。后世一般称此圣堂为"汤岛圣堂"。同时还新建了讲堂、学舍、书库等，林家学塾成了拥有"祀田千石"的大规模的学校（当时的形制参照图1-4、图1-5、图1-6），其占地约6000坪（2万平方米）。圣堂的释菜也十分盛大，除了将军以外，各地大名也积极参加，并奉纳祭器、祭品等。释菜当日还举行宴会、诗会，十分热闹。由此，圣堂已不再是林家学者或林家门徒的私有空间了，它成了与广泛的武士阶层相关联的祭祀空间。

此后，汤岛圣堂经历了数次因腐朽和火灾而进行的改修、重建工程。[2]宽政二年（1790），幕府下达了"正学复兴"的通知，在林家塾中

1　延宝二年十二月八日修复圣殿时的告文《圣殿复座告文》。《鹫峰林学士文集（下）》卷六十四，《近世儒家文集集成》，鹈鹕社1997年版，第90页。

2　如宝历十一年因腐朽而进行的修筑、安永三年的圣堂重建（安永元年火灾）、天明七年的圣堂重建（天明六年火灾）、宽政十一年的大规模圣堂建造等。

图1-4 《圣堂之画图》
（菱川师宣画，元禄四年刊）

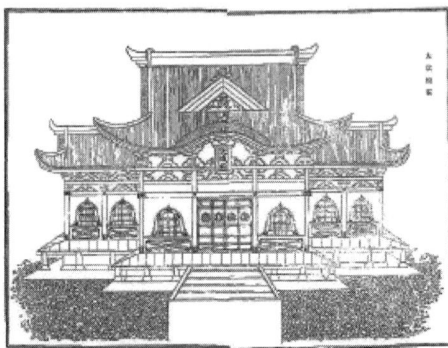

图1-5 《大成殿图》（犬塚印南《昌平志》）

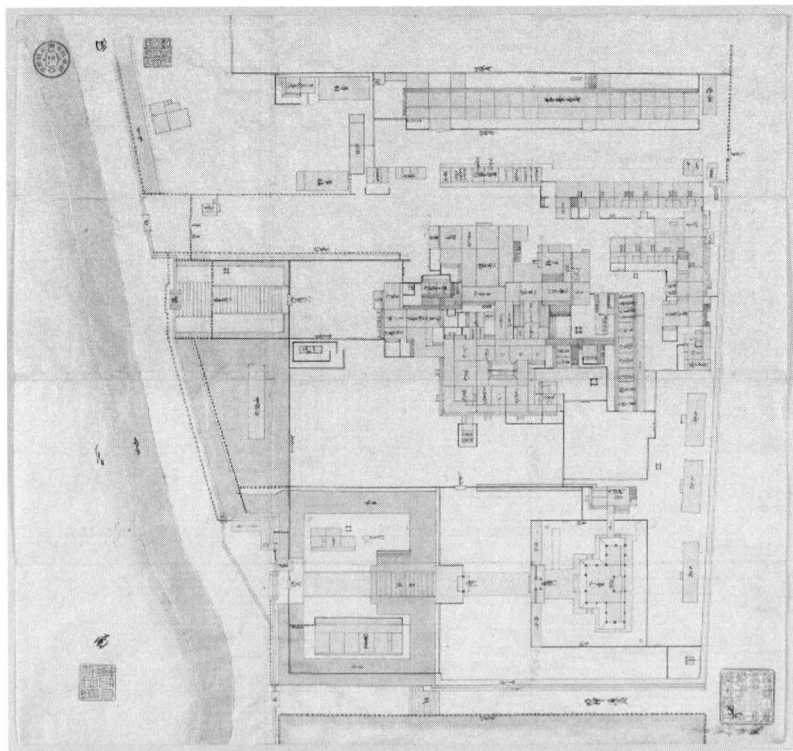

图1-6 《昌平坂圣堂总指图》（东京都立中央图书馆藏）

围绕儒官任用、学舍扩改建、学问考试及素读考试等方面展开了一系列改革。宽政改革以后，林家的私塾彻底变成了幕府直辖的"学问所"。祭田和学粮的出纳都由名为"勘定奉行"的官员管理，圣堂的财政与林家的财政被分离开来。此外，幕府还制定了新的《圣堂学规》及官职制度，从外部聘请了尾藤二洲、古贺精里等儒者。由此，圣堂的"私营"色彩被消除，其中的释奠仪式也具有了官营的性质。当时的大成殿是以明朝人朱舜水（字之瑜，1600—1682）制造的模型为参照重新修建的。新造的大成殿坐北朝南，横宽30米，进深10.4米，高14.6米。南面共6根柱，侧面共7根柱，斗拱上刻有云纹，殿宇与各门都涂有黑漆（此前为朱、绿、青等色彩）。屋顶铺铜瓦，屋脊两端有"鬼狄头"雕刻，四角有"鬼龙子"雕刻。[1]圣堂的占地面积约11600坪（约38300平方米），比之前又扩大了4000坪（约13000平方米）（图1-7）。

图1-7　《江户名所图会》中宽政期的汤岛圣堂

　　由此可见，汤岛圣堂的发展离不开儒者的努力和执政者的支持。除了汤岛圣堂以外，各地的藩主及大名也都积极建设藩校、乡校，实行儒

1　[日]铃木三八男：《日本の孔子庙と孔子像》，斯文会1989年版。

学教育，并在其中建设孔庙。对于孔庙创建的理由，各地大名都各有各的想法，其中有人认真思考了如何更加有效地进行武士教育和庶民教育。例如，近世初期水户藩主德川光圀（1628—1701）曾这样讲道：

> 国设学校之事，三代之遗法，天道之所本……其家中诸士，各役义当番之务众多，不能行定日会集之事。不可止其职务而勤若书生……士者各有职务，难以一同。况有志者少，而无志者多。此世之大患。唐使民中有学才者及第，登庸为官，于是大小学问盛矣。日本不可行及第取士之法。但作孔庙而祭尊先圣之事易行。有志之诸侯，作讲堂于一两所，爰置儒者，集好学之士，广言之，无外乎取善勤之人。彼之制度，科场之做法，甚难行之事也。[1]

由此可见，光圀认为在日本设立学校、对武士进行学问教育是十分必要的。但是，日本的武士和中国的书生不同，他们的本职并不是研究学问，因此很难让他们放弃职务专心读书，而且像中国那样实行科举制度也是不现实的。因此光圀认为首先应该设立孔庙，举行祭祀孔子的仪式，如此就能使武士们在仪式之时聚集于孔庙，通过尊崇先圣来感知学问的重要性。在此基础上进一步开设讲堂、安置儒者，由此，人心便可自然向学。

除了武士教育以外，也有为政者十分重视庶民教化。例如肥前国佐贺藩多久邑第四代邑主多久茂文（1670—1711）便是如此。他强调孔庙在庶民教育中的重要作用，并于宝永五年（1708）创建多久圣庙，举行了祭祀孔子的释菜。他在《文庙记》一文中这样描述创建孔庙的理由：

---

1 ［日］德川光圀：《西山公随笔》，《日本随笔大成》第二期十四卷，吉川弘文馆1957年版，第385页。

古人曰，视庙社则思敬，此言极有深意。人能执敬庙社之心，念念不忘，事事不失，须臾不离敬，则万善聚焉，为贤为圣，而人道之能事毕矣。苟失思敬之心，则为愚为不孝，而同趣于禽兽矣。道二，敬与不敬而已。是故先儒发明之曰：敬，一心之主宰，万事之根本，而为万世圣学之根本也。此敬也，视庙社则发，不视则不发。由是观之，先设圣庙而使人知所敬，而后由是道之，则用力少就效甚众矣。大概人之所以不好学者，信道不笃也，所以信道不笃者，未视圣神也，……崇他神他佛，而于我圣人之道，瞑然不知，所以宗之，况于未学者。若夫圣庙严然于兹，视者讶而相谓曰：是曷神也？曰：是孔子之神也。曰：孔子者曷守之神也？曰：守孝悌忠信之人神也……中华文道之盛，良有以也，忠臣义士列名于载籍者不可枚举矣。是无他，圣庙充于里巷，而师儒之教诱备也。[1]

也就是说，多久茂文认为“敬”是“万事之根本”，因此需要重视培养“思敬之心”。而建立“庙社”对于培养人们的“思敬之心”是非常有效果的。但是如今的庙社多供奉“他神”“他佛”，人心也被这些神佛吸引。人们不知“圣人之道”，其重要原因就是他们未曾见过孔庙，不知“孔子之神”的存在。因此，有必要建立孔庙，使众人得知孔子为“守孝悌忠信之人神”，以此来培养对儒教的“思敬之心”。在此基础上，“师儒”们实行教育，以此来纯化民风，以期同中华一样实现文道流行、忠臣义士辈出的场景。正是出于这样的考虑，多久茂文建立了祭祀“孔子之神”的多久圣庙。

如此，在武士教育和庶民教育方面，孔庙开始占据重要的位置。特别是在宽政时期后的19世纪，日本迎来了所谓的“教育爆发”时代，

1　[日]文部省编：《日本教育史资料（六）》，临川书店1970年版，第144页。

各地藩校及乡校急速增加，由此也带来了地方孔庙的大量涌现。儒学教育在近世时期不断普及，到了近代以后也在发挥影响力，这与孔庙的存在以及集中于此的对圣贤的尊崇息息相关。在林家儒者那里，孔庙是儒教独立的象征，是儒者家业的代表；在为政者那里，孔庙是激发崇信之心、推进儒学教育的有效手段。

到了近代以后，孔庙的性质发生了很大改变，却没有从历史舞台消失，而又发挥了新的职能。

第四节
近现代的孔庙

到了近代，随着明治四年（1871）的废藩置县及明治五年（1872）的新学制改革，旧藩校被废止，孔庙的祭祀活动被暂停。而到了明治后期，日本各地再次出现祭孔的活动。例如仙台养贤堂、足利学校、水户弘道馆以及佐贺多久、长崎、闲谷等地的圣庙都复兴了释菜活动，长冈、高田、鹿儿岛、金泽、大垣、富山上山等地组织成立了孔子会（孔子祭典会）。官立学校中，埼玉县女子师范、东京女子师范、神奈川县女子高中等学校也举行了祭孔活动。[1]最值得关注的是，东京的汤岛圣堂在明治四十年（1907）恢复了释奠，大成殿重新发挥原有功能，成为祭礼的中心，一直持续到现代。在此简单整理一下近代以后汤岛圣堂的变迁。

明治维新后的一段时期内，汤岛圣堂的释奠活动暂时中断，大成殿

1　[日]真壁仁：《德川後期の学問と政治——昌平坂学問所儒者と幕末外交変容》，名古屋大学出版会2007年版，第525页。

被作为博物馆的陈列馆来使用。明治三十九年（1906）到四十年的这段期间，以复兴释奠为目的的"孔子祭典会"成立了。祭典会的中心成员为东京高等师范学校的职员，委员长为嘉纳治五郎，评议员有井上圆了、井上哲次郎、伊泽修二、细川润次郎、那珂通世、三岛毅、重野安绎、加藤弘之、涩泽荣一等人。明治四十年四月二十八日，圣堂按照神道仪式举行了释奠，此后每年四月定期举行。到了大正七年（1918），孔子祭典会与其他汉学相关团体合并成立了斯文会。从大正九年（1920）开始，圣堂的释奠由斯文会继承举行。然而在大正十二年（1923）的关东大地震中，汤岛圣堂的大成殿、孔子像及大门皆被烧毁。地震后很快制定了建造临时圣堂建筑的计划，翌年（1924）春天建造完成，此后每年举行祭孔仪式。同时，"圣堂复兴期成会"成立，致力于筹备圣堂再建所需的资金，其中亦收到了来自皇室的支援金。昭和七年（1932）八月，新圣堂动工，昭和十年（1935）四月竣工。竣工之际举行了释奠，并召开了"儒道大会"。从明治至昭和年间，汤岛圣堂在举行释奠的同时都要举行讲演会，其内容多是为了所谓的"振奋国民精神"[1]"促进东亚民族的团结"[2]而大肆吹捧"孔子之精神"。昭和十年的祭典中有日本内阁总理大臣、文部大臣等致辞。仪式前后举行了多场以"东洋和平的基础""宣扬日本儒道的急务"等为主题的演讲，并组织创作了题为《奉迎满洲皇帝》《满洲皇帝来访恭赋》的汉诗等[3]。在日本军国主义膨胀的背景下，孔庙和释奠也难逃被其利用的

1　大正十五年《关于圣堂造营及献纳之愿书》。[日]中山久四郎编：《聖堂略志》，斯文会1935年版。

2　昭和十一年《圣堂复兴纪念儒道大会要项》。[日]福岛甲子三编：《湯島聖堂復興記念儒道大会誌》，斯文会1936年版。

3　参考[日]福岛甲子三编：《湯島聖堂復興記念儒道大会誌》，斯文会1936年版。昭和十年四月，伪满洲国皇帝溥仪访问日本，并参观了汤岛圣堂。

命运。

战后的昭和二十九年（1954），汤岛圣堂及其附属建筑被转交给文化财产保护委员会进行保管、修复。昭和三十一年（1956），根据《文化财产保护法》，交由财团法人斯文会管理。直到如今，斯文会仍负责汤岛圣堂的维护管理及开放利用，定期举办《论语》《孟子》等汉籍的素读会及讲座。每年四月举行释奠仪式，并在祭礼当天举行儒学经典的讲解等文化活动。

在近代，除了汤岛圣堂这种近代以前就已创建的孔庙以外，也有地方汉学者为维护儒学传统而新建的孔子庙，例如道明寺天满宫的孔庙即是如此。明治初期，圣庙被普遍废弃，圣像不断遗失。鉴于此，儒者藤泽南岳（1842—1920）买下了松平藩校出让的孔子木像，将其安置于私塾泊园书院中，并于明治二十一年（1888）起开始举行释奠。不过，由于担心地处市内繁华街区的书院有遭遇火灾的危险，藤泽南岳在土师神社（今大阪府藤井寺市道明寺天满宫）建造了大成殿，将孔子像移至此处，并在此举行释奠。大成殿于明治三十四年（1901）落成，其设计者是帝室技艺员伊藤平左卫门。现如今该建筑仍保留在道明寺天满宫之中，每年五月上旬的星期日举行释奠。祭典当日，还会举行经书的讲解、煎茶、抹茶品鉴、书画选拔、即席书法等活动。

此外，在现代大学中也有设立孔庙、举行祭孔的例子，位于福岛县的东日本国际大学即是如此，其前身为江户幕府的昌平坂学问所，现由学校法人昌平黉经营管理。该大学于平成元年（1989）设立大成殿，举行了首次释奠，并从中国台湾邀请了孔子后裔孔德成前来参加。此后每年举行"大成至圣先师孔子祭典"。该校的儒学研究所积极开展研究活动，并多次举办与儒学相关的国际学术会议。

现如今，日本多地都保留有孔庙。有些是近代以前藩校、乡校孔庙的遗存或再建，有些是近现代以后新建的。其中有的孔庙每年仍在举行祭孔典礼，而有的则单纯作为历史遗迹或文化遗产被加以保存。在此简单整理了日本现存的主要孔庙，见下表：

表1-1　现代日本主要的孔庙（以创建年代为序）

编号	名称	创建时代	所在地	变 迁	照片
1	足利学校	镰仓时代	栃木县足利市	早期状态不明。宽永时期后重建。	图1-8
2	汤岛圣堂	宽永九年（1632）	东京都文京区	源自宽永年间设立在林家塾的孔庙。元禄时期搬至现存地。宽政年间扩建为现在的样式。大正十二年重建。	图1-9
3	中岛圣堂	正保四年（1647）	长崎县长崎市	儒者向井元升于正保四年设立孔庙（圣堂）和学舍，称为立山书院。正德元年（1711）重建，也被称为长崎圣堂。明治时代后只留下杏坛门和规模缩小的大成殿。现今位于兴福寺境内。	图1-10
4	闲谷学校的孔庙	延宝二年（1674）	冈山县备前市	闲谷学校是在宽文十年（1670）由冈山藩田光政创建的庶民教育学校。延宝元年（1673）讲堂（旧）建成，延宝二年圣堂（旧）建成。贞享元年（1684）新圣堂建成。元禄十四年（1701）建成与现存外观几乎相同的学校。	图1-11
5	久米至圣庙	延宝四年（1676）	冲绳县那霸市	17世纪初，久米三十六姓的人们举行儒教祭典，尚贞王时期的1676年建立至圣庙。昭和二十年（1945）在冲绳战役中烧毁。昭和五十年（1975）在天尊庙遗迹上与天尊庙一同重建。原址安置着蒋介石赠送的孔子像。平成二十五年（2013）移至旧久米邮政局遗址。现由久米崇圣会维持管理。	图1-12

编号	名称	创建时代	所在地	变迁	照片
6	米泽市先圣殿	元禄十年(1697)	山形县米泽市	米泽藩第四代藩主上杉纲宪得知儒医矢尾板三印私人祭祀孔子像,于是元禄十年下拨藩费以建设圣堂,成立学问所。安永五年(1776)创设藩校兴让馆,新建圣堂。元治元年(1864)在火灾中烧毁,后重建。明治二十一年(1888)转移至米泽中学校内,使用已有建材将规模缩小为原有的1/4。明治四十四年(1911)转移至财团法人米泽图书馆院内。昭和十三年(1938)转移至米泽兴让馆中学。昭和十九年(1944)左右转移至法泉寺庭院内并延续至今。	图1-13
7	多久圣庙	宝永五年(1708)	佐贺县多久市	元禄十二年(1699)建成学问所并安置孔子像,宝永五年建成拜殿,形成了现在的圣庙。明治四十年的改修中瓦顶被换为铜板顶。	图1-14
8	会津日新馆孔庙	享和三年(1803)	福岛县会津若松市	元禄二年(1689)年,在讲堂东侧建成用来安置孔子像的"小堂"。享和三年在日新馆创设的同时新建圣堂。大成殿是根据明朝遗臣朱舜水带到日本的《谈绮图式》建造的。	图1-15
9	庄内藩校致道馆圣庙	文化二年(1805)	山形县鹤冈市	致道馆是在文化二年创设的藩校。其中设有圣庙。昭和四十年(1965)起进行了为期4年的修缮。	
10	德修馆本堂的一部分(圣庙)	文化六年(1809)	山口县周南市	三丘的第八代领主宍户就年于文化六年创建学校德修馆。弘化三年(1846)第十代领主宍户元礼模仿萩藩明伦馆新建本堂。现在的本堂分大厅,拜堂等6个房间,圣庙为其中的一间。	图1-16

编号	名称	创建时代	所在地	变 迁	照片
11	水户弘道馆孔庙	天保十二年(1841)	茨城县水户市	天保十二年八月弘道馆临时开馆。校内设立孔庙与鹿岛神社。安政四年(1857)正式开馆,举行了释奠。昭和二十年八月孔庙毁于战火,昭和四十五年(1970)重建。	
12	白木圣庙	明治二十一年(1888)	佐贺县杵岛郡江北町	为了安置元禄年间从中国传来的孔子像,明治二十一年建成圣庙。现在每年4月21日举行祭祀。	图1-17
13	长崎孔庙	明治二十六年(1893)	长崎县长崎市	清朝光绪十九年(1893)由长崎华侨建立。在昭和二十年的原子弹爆炸中几乎全毁。昭和四十一年(1966)由华侨修复为华南文庙式建筑。昭和五十八年(1983)在中国政府和曲阜孔庙的协助下实现修缮。	图1-18
14	道明寺天满宫孔庙	明治三十四年(1901)	大阪府藤井寺市	明治时代儒者藤泽南岳从旧高松松平藩校接手孔子木像,将其安置于私塾泊园书院。明治三十四年于土师神社(现大阪府藤井寺市道明寺天满宫)建立大成殿并安置孔子像。	
15	盛冈圣堂(孔夫子堂)	昭和十一年(1936)	岩手县盛冈市	庆应元年(1865),南部藩藩校改称作人馆,馆内设立"神庙",合祀大穴牟迟神(大国主命)和孔子(文宣王)。明治维新后,孔子像被转移至濑山阳吉家保管,昭和十一年建立安置孔子像的圣堂。现今圣堂位于濑山家的院落内。	
16	东日本国际大学的孔庙	平成元年(1989)	福岛县磐城市	平成元年建立大成殿。平成二十三年(2011)东日本大地震时损毁,后被修缮。	图1-19

编号	名称	创建时代	所在地	变　迁	照片
17	泗水町孔子公园祀圣亭※	平成四年（1992）	熊本县菊池郡泗水町	明治二十二年（1889）该町取名"泗水"。平成四年建成孔子公园。祀圣亭使用来自中国的建材，聘请中国技术人员建造。每年秋天举行"泗水秋祭"。	图1-20

※祀圣亭并非"庙"，但作为安置孔子像的场所在此一并列举。

图1-8　足利学校

图1-9　汤岛圣堂

图1-10　中岛圣堂

图1-11　闲谷学校的孔庙

图1-12　久米至圣庙

图1-13　米泽市先圣殿

图1-14　多久圣庙

图1-15　会津日新馆孔庙

图1-16　德修馆本堂的一部分（圣庙）

图1-17　白木圣庙

图1-18　长崎孔庙

图1-19　东日本国际大学的孔庙

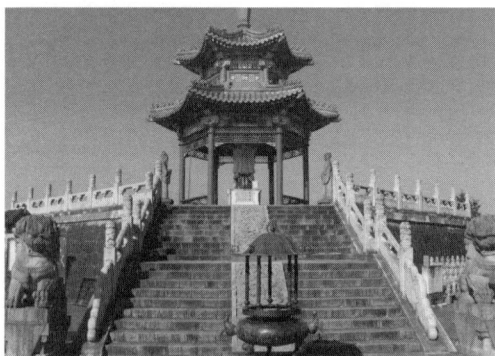

图1-20　泗水町孔子公园祀圣亭

　　除了表1-1中列举的孔庙外，现代日本还有一些孔庙建筑失去了原有的儒教建筑功能，变身为佛教寺院建筑的一部分。例如山口县萩市海潮寺的本堂即是如此。此堂本为萩藩校明伦馆的圣庙，明治八年（1875）移至现址。此外，岐阜县羽岛市永照寺的本堂原为尾张明伦馆的圣堂。明治维新后，随着废藩置县，明伦馆被废止，圣堂也被卖掉。明治六年（1873），圣堂被移至羽岛市的永照寺中，改建为寺院本堂。此外，现今埼玉县所泽市康信寺的本堂，原为大正四年（1915）医师小林政太郎氏建设的孔庙，第二次世界大战后被移交给西武铁道公司，搬到了埼玉县所泽市的"世界文化遗产村"，现今成了康信寺的一部分。

　　此外，也有安置孔子木主的神社建筑，如大分县汤布院塚原山庄境内的昌平神社。它采用日本传统神社建筑"春日造"样式，室内正面设有神龛，中央立有"大成至圣先师孔子神位"，左右安置有圣德太子和菅原道真的牌位。它创设年代不详，推测为战后的建筑。[1]

　　纵观从古至今日本孔庙变迁的历史可以看出，不同时期承担孔庙建造经营的人来自不同的社会阶层。古代日本，孔庙制度作为大学寮制度的一环被朝廷所采纳，构成国家制度的一部分。参加大学寮孔庙祭祀及相关讲经、作诗活动的主要是贵族，儒学作为高级文化教养被贵族所独占。地方学校中虽然也有孔庙存在，但并未得到普及。

　　中世时期，伴随大学寮的衰退和烧毁，朝廷的孔庙消失了，由武士和僧侣建造的孔庙开始出现。例如在武士创设、僧侣经营和实行教学的足利学校就设有孔庙，将孔子作为易学祖师进行祭祀。当时易学与占筮技术在武士的军配、作战中受到重视，成为僧侣的学习、研究对象。此外，武士阶层出现了模仿贵族、培育汉学修养的风潮，菊池氏的孔庙就反映了这样的风潮。祭孔仪式上也出现了像桂庵玄树这样的僧侣身影。不过从中世整体来看，学校和孔庙的数量并不多。

　　到了近世，儒学教育开始向各个阶层渗透，以林家及幕府的汤岛圣堂为中心，各地的学校与孔庙急速增加。在汤岛圣堂的发展过程中，除了将军、大名等武士阶层的支援外，像林家这样以儒学为业的儒者们也发挥了重要的作用。在近世时期，武士教育和庶民教化都得到了推进，儒学不再是少数特权阶层独占的学问，而是开始向民间普及，于是便出现了像多久圣庙这样的与庶民密切相关的孔庙。

1　孔祥林等：《世界孔子庙研究（下）》，中央编译出版社2011年版，第940页。

明治维新后，汤岛圣堂等近世遗留的孔庙建筑暂时失去了原有功能。到了明治后期，孔庙作为孔子祭祀的场所又得到复兴。近代儒教在当时被利用于所谓的"国民精神教育"，并被鼓吹为"东洋之精神"。汤岛圣堂也成为"儒道大会"的举办场所。汤岛圣堂的孔子祭中除了学者参加外，政府及皇室相关人员也曾参与。另一方面，在近代西方学问的冲击中，日本各地方也出现了试图维持汉学的文化人士。有的为安置孔子像而新建孔庙，也有的致力于孔庙遗迹的保存。如今日本所存的孔庙大部分成为地方文化财产被加以保护，其中很多作为历史文化设施仍在发挥功能。尤其在祭孔当日，有的孔庙中演奏腰鼓、扬琴等乐器，有的进行《论语》等经典的讲读……如此的孔庙活动促进了地方的文化交流，起到了文化传承的作用。如今，也有因认同儒教理念而设立孔庙的大学。儒教在现代日本社会所发挥的效用值得今后继续深入探讨。

第二章
可视化的孔子：日本的孔子像

孔庙里一般安放着作为祭祀对象的孔子像，或是写有孔子称号的"木主"（即牌位）。孔子像的形式多样，有画像、塑像、木像、铜像等。在中国，孔子像最早的例子有汉代文翁的"成都石室"[1]中祭祀的孔子画像。提到孔子画像，晋代的顾恺之及唐代的吴道子、王维所画的孔子像十分有名，被后世之人不断临摹，并张挂于孔庙。除了画像，孔庙中还经常可见孔子的塑像、铸像等。

儒者中有人批判"像"这种形式是佛家的做法。明世宗嘉靖九年（1530）曾下令全国孔庙废除孔子像，改用孔子木主。[2]后来木主在孔庙中得到很大普及，但孔子像并没有被彻底废弃，而是呈现出与木主共存的态势。

孔子像根据样态可分为立像和坐像，根据外貌可分为司寇像（鲁司寇像）、行教像和衮冕像。司寇像表现的是孔子担任鲁国大司寇（司法官）时的姿态，头上所戴的司寇冠是其主要特征。行教像表现的是孔子教导弟子时身着儒服、披戴头巾的样子，着装简单朴素。衮冕像是被后世称为"文宣王"的孔子身着诸侯王或皇帝礼服的样子，此时头戴"冕

1　文翁（前187—前110），汉景帝时期担任蜀郡守，对地方教育、水利作出了巨大贡献。石室是前143年—前140年由文翁所创建的学校。

2　[日]小岛毅：《嘉靖の礼制改革について》，《東洋文化研究所紀要》第117号，1992年。

冠"，身着"衮服"，手持"圭板"。衮服这种衣裳的花纹有"十二章""九章""七章""五章"等不同种类，分别代表不同规格：天子衣裳一般为十二章，诸侯衣裳为九章。此外，冕一般为皇帝及卿大夫以上人员所戴头冠，上面有一块称为"冕板"的长方形木板，冕板前后两端分别垂有称为"旒"的玉串。旒的数量也根据身份的不同而各异。总之，在中国，冕与衮服常配套出现，其形制规格体现不同身份，有相应的严格规定。[1]

在日本，与孔子木主相比，孔子像更为常见。日本的孔子像有很多种类，如中国传入的、日本本土制作的、私藏的、公开的等。本章主要考察安放于日本孔庙的孔子像。通过考察这些孔子像的外貌、由来及其历史命运，探讨这些孔子像与贵族、武士、僧侣、儒者等各阶层人物的关系，尤其关注儒者对造像及木主展开的议论，进而思考日本儒教与佛教之间的关系。

第一节
近世以前的孔子像

从大宝元年起，大学寮始行释奠。当时供奉的孔子像是何模样，如今并不明确。8世纪中叶后，大学寮安放的应该是吉备真备从唐朝带回日本的孔子画像。天平胜宝四年（752），吉备真备作为遣唐副使第二次入唐，停留一年多后回国，带回了孔子画像的模本。该画像起初被安放于大宰府学习院，后来吉备真备令百济画师临摹此像，并将临摹的作品安置在了大学寮。[2]后来，该画像经历了数次破坏和修复，其保存并不

1　[中国金代世宗时代制定了孔子像的帝王服制，即冕十二旒、服十二章。

2　[日]弥永贞三：《古代日本の釈奠について》，《続日本古代史論集》下卷，吉川弘文館1972年版。

容易。元庆四年（880），画师巨势金刚[1] 参照唐人的孔子画像模本重新绘制了"先圣先师九哲像"，并将其安置于大学寮[2]。由于图像资料限制，我们今天无法断定巨势金刚的摹写图与吉备真备带来的孔子像是否为同样的画像，但两者皆以唐代画像为模本，可以推测两者在图样（外貌、服装）上存在相似性。后来，巨势金刚的"先圣先师九哲像"经历了多次修补。例如延久四年（1072）四月，大江匡房传达圣旨，下令诸官司及各地方上缴费用以修补破损的画像。[3]后来大学寮被烧毁，画像被转移至太政官厅保存。贞应三年（1224），有盗贼潜入太政官厅，将孔子像及其他像的绢制衬底剥离盗走，致使画像遭到很大破坏。后来宽喜四年（1232）、弘长元年（1261）、文永三年（1266）孔子画像都曾遭遇偷盗或破坏。其间，孔子像被不断修复或重新临摹。[4]虽然保存不易，但同一图样的画像极有可能被延续下来。遗憾的是，当时的画像并没有留存至今。

现存史料中能够反映古代孔子画像样貌的有古代释奠图（描绘释奠举行步骤的绘图）的模本。现存的释奠图几乎都是江户时代的模本，其中最重要的是高桥家传承的释奠图。高桥家指的是京都的"有职故实家"，代代担任宫中的"御厨子所预"[5]职位。元禄三年（1690），幕府在新建汤岛圣堂之际，从京都官库中调取了与释奠相关的资料，其中就有高桥家的高桥宗直（1703—1785）所持的释奠图，该图由此为世人

1　生卒年不详。9世纪后期的代表性画师，巨势派的始祖。

2　[日]一条兼良：《江次第抄》，《续续群书类从》，八木书店1978年版。

3　《江家次第》。相似的记述见于《续本朝图鉴》。上奏请求修复画像的是权中纳言源隆俊。

4　[日]柳原纪光：《续史愚抄》。

5　御厨子所是令外官的一种，地点位于皇宫后凉殿的西厢，负责准备朝夕的饭菜、节会时的酒肴等。"预"指的是一种官名。

所知，并被多次临摹。[1]很多临摹图都现存于世。观察这些图的"拜庙"部分，可以看到孔子画像被张挂于庙堂中的样子。虽然不能就此断定该图中的孔子画像就是大学寮时代的真实样貌，但高桥家作为朝廷的"有职故实家"，其家传的释奠图也拥有一定的可信度。现今斯文会所藏的《释奠图》（享保十四年绘，图2-1）及早稻田大学图书馆所藏的《释奠年中行事绘卷》（明和六年绘，图2-2），其构图基本相同，可以看出庙堂张挂孔子及十哲的画像，中央为孔子（正面左）和颜回（正面右）的画像，右侧墙上从里到外分别是闵子骞、冉伯牛、仲弓、冉有，左侧墙上从里到外分别是季路、宰予、子贡、子游、子夏。其中的孔子像皆为司寇像。图2-1的孔子像描绘了孔子坐在椅子上的姿态。图2-2中椅子被省略，但其基本姿态一致。孔子的司寇像及座椅像在唐代孔子像中较为多见[2]，日本古代大学寮安放的孔子画像很可能就是这样一种姿态。

图2-1　纪宗直所作《释奠图》（部分，斯文会藏）

1　[日]翠川文子：《释奠（二）——孔子像》，《川村短期大学研究纪要》第11号，1991年。

2　《唐书》记载，开元八年（720），李元瑾上奏要求将先圣殿像改为椅子坐像。有关唐代司寇像的问题参考前注中引用的翠川文子的论文。

图2－2　《释奠年中行事绘卷》（部分，早稻田大学图书馆藏）

　　除了画像以外，后世也出现了孔子的木像、铜像等。日本现存最为古老的孔子木像当属中世时期足利学校内安放的孔子像。这尊孔子像是由桧木制成的拼木雕像，镶入了玉质双目。表面包裹布料，先刷防锈漆后又刷一层黑漆。[1]像高78厘米，坐像，右手原本持有羽扇。披戴的头巾垂过双耳及双肩，头巾及儒服的领口部分涂有金粉。从头巾及儒服可以判断该像属于行教像（见图2－3）。

图2－3　足利学校的孔子像

1　[日]大泽庆子：《足利学校孔子坐像考》，史迹足利学校研究纪要《学校》第2号。2002年；[日]须永金三郎：《足利学校聖像考》，泗水社1915年版。

足利学校在安放此孔子像前，曾经在学校张挂孔子的画像。连歌师宗长（1448—1532）于永正六年（1509）八月曾访问足利学校，并在纪行文中提到了当时学校张挂的孔子、子路、颜回的"肖像"，并称"诸国学徒咸来瞻仰，日居之态，贤明而有风韵"[1]。可见在这一时期就有了孔子画像，且孔子为日常装容。享禄年间（1530年前后）足利学校遭遇火灾，孔子画像被烧毁，于是便制作了图2－3的孔子木像。根据木像背面和底面的墨书及像内的铭文可以得知，该像制作于天文四年（1535），作者是一名佛教造像师。同时，一名叫"六十六部回国圣"[2]的佛教徒为该像的制作筹集了钱款[3]。该像的样貌与中国、朝鲜常见的孔子像有很大不同。首先，垂过两耳、两肩的头巾非常类似僧侣的装扮，且其盘腿而坐的姿势仿佛坐禅的样子。其造像风格及线条也与佛像有很大的相似性。这并不难理解，因为中世足利学校虽为儒学教育机构，但其校长及学生皆为僧侣，中世教育受到佛教的很大影响。

这尊木像被后世的很多画家临摹为绘画作品，得到一定程度的流传。例如狩野探幽（1602—1674）所画《孔子图》（图2－4）、谷文晁（1763—1841）所画《足利学校圣像图》（宽政八年绘，图2－5）、田崎草云（1815—1898）所画《圣像图》（嘉永三年绘，图2－6）等。这些图中的孔子形象都与足利学校的孔子像相同。值得注意的是，这种盘腿坐的孔子像在日本近世被不断制作，汤岛圣堂的孔子像就是这样一个例子。下一节就此展开详细考察。

1　[日]宗长：《東路の津登》，《群書類従》第18号，群书类从刊行会，1954年。

2　指的是进行日本全国六十六国巡礼、在每国的灵场奉纳一部《法华经》的佛教徒。

3　[日]大泽庆子：《足利学校孔子坐像考》，史迹足利学校研究纪要《学校》第2号，2002年。

图2-4　狩野探幽
《孔子图》（波士顿美
术馆藏）

图2-5　谷文晁《足利
学校圣像图》（足利学
校藏）

图2-6　田崎草云《圣像图》

第二节

汤岛圣堂的孔子像

　　宽永九年，儒者林罗山在上野忍冈的学塾中建立了孔庙，并在其中安置了尾张藩主德川义直寄赠的孔子像。后来，第五代将军德川纲吉下令把孔庙移至汤岛地区并进行扩建，原来的孔子像被转移至新的圣堂中。再到后来，圣堂经历了数次火灾，每次火灾之时孔子像都被灭火人员抢救出来，避免了被烧毁的命运。当时圣堂有规定，在火灾之时要优先抢救孔子像，可见孔子像作为圣堂的中心被人们所重视。

　　圣堂孔子像的作者据说是京都七条佛所的第23代佛像制作师康音。在七条佛所的记录中可见以下内容："宽永九年上野弘文院，五圣人御木像奉为雕刻，极粉色玉眼入，孔子像御长二尺一寸中尊，胁立思子、颜子、曾子、孟子，四体御长二尺，右者前尾州太守大纳言样被为仰付候，调进大佛师廿三世左京法眼康音作。"由此可见，孔子像是2尺1寸（约63厘米）的彩色木像，同时还制作了子思子、颜子、曾子、孟子的木像（2尺）。[1]由于是七条佛所的制像，因此可以推测与佛教造像有共通之处，想必与足利学校的孔子像一样为正面盘坐像。[2]不过能够反映该像具体样貌的早期绘图史料并没有留存。文政元年（1818）所作的《昌平志》一书卷一的《庙图志》中记载了"大成至圣文宣王"的孔子像"像设妆绘"，可见其像施有色彩。[3]近世后期出现很多该像的临摹画像，皆呈司寇像模样，如渡边华山的二儿子渡边小华（1835—1887）创作的《本尊孔子像模写》（图2-7）。类似的画像还有河锅晓斋（1831—1889）于明治五年（1872）所作的《今昔珍物集》（图2-8）[4]。此外，近代有相片史料真实反映了孔子像的样貌，如明治四十年汤岛圣堂的孔子祭典上向参加者分发的孔子像照片（图2-9）。照片下部写着"明治四十年四月二十八日孔子祭典会纪念"，照片中的孔子像被安置于神厨中，其样貌与渡边小华等人的画像几乎相同。遗憾的是这尊孔子像在大正十二年的关东大地震中随圣堂一起被烧毁了。后来新海竹太郎（1868—1927）于明治四十三年（1910）制作了仿刻像，如今保存在足利学校中。近年来，筑波大学的日本美术史研究室根据照片及仿刻像对孔子像进行了复原，并发表了一系列研究成果。平成十九年（2007）完成复原的孔子铜像作为汤岛圣堂的祭祀对象被安放于大成殿中。当时的孔子铜像尚未被施以色彩，后来筑波大学进一步推进复原研究，于平成二十七年（2015）完成了彩色复原像（图2-10）。该孔子

---

1 [日]三山进：《近世七条仏所の幕府御用をめぐって——新出の資料を中心に》，《鎌倉》第80号，鎌倉文化研究会1996年版。

2 [日]柴田良貴、中原笃德：《旧湯島聖堂大成殿孔子像復元》，《美術史料による江戸前期湯島聖堂の研究報告集》，筑波大学日本美術史研究室2005年版。

3 [日]犬塚印南：《昌平志》，《日本教育文庫（学校篇）》，日本图书中心1977年版，第36页。其中的《庙图志》记载孔子像的"袞冕九章"，遗憾的是没有孔子像的具体图像。《庙图志》中有展示圣堂内部的"神座图"，描绘了神龛的模样。

4 日本东京都立中央图书馆藏。

像的手呈现作揖状，这是中国的孔子画像中经常见到的姿势。同时，孔子头戴司寇冠，身着中国风的衣裳。虽然着装体现出中国风格，但其采用的是双膝横列的盘腿坐姿，应该说是一种具有佛像雕刻风格的造型。

图2-7　渡边小华《本尊孔子像模写》
（斯文会藏）

图2-8　河锅晓斋《今昔
珍物集　博览会博物之
图》中的孔子像

图2-9　明治四十年的孔子像
照片（扩大图，斯文会藏）

图2-10　汤岛圣堂的孔子像（复
原，斯文会藏）。原型制作者为柴
田良贵，彩色制作者为程塚敏明

像汤岛圣堂里这样盘腿而坐的孔子像在中国和朝鲜并不常见，在日本却十分普遍。如近世时代制作的丸龟藩正明馆的孔子像（现藏于丸龟市立资料馆）、佐仓藩江户藩邸的孔子像（现藏于佐仓高等学校）、尾张藩明伦馆的孔子像（现藏于德川美术馆）等。这些像皆有很大的共同之处，如在造形上都是司寇像，且孔子的手皆放于胸前呈作揖姿态等。可以推测，这些像都是模仿汤岛圣堂的孔子像制作的。

图2-11　孔夫子圣像（3000尊之一，宫城县图书馆大槻文库藏）

同样形态的孔子像在明治四十年汤岛圣堂举行祭孔典礼的时候被制作了3000尊，皆为高21厘米的黑色小陶像。现今宫城县图书馆大槻文库就藏有其中一尊（图2-11），像底部有阴刻："大日本帝国文部省所管大成殿攸崇祀，孔夫子圣像模型三千体之一，明治三十九年丙午年一月准允，天佑平和纪念释奠日奉造。主催奥田米翁。模刻山中泰山。"由此可见，孔子像模型是为大成殿释奠专门铸造的，并得到了文部省的许可。其中的一尊成为大槻文彦（1847—1928）的所有物，后被收入宫城县图书馆。这多达3000尊的孔子像被赋予了怎样的意图？具体分发给了哪些人？如今藏在何处？这些都是值得今后继续探究的问题，在此不作展开。

另外值得注意的是，汤岛圣堂历来安置的孔子像在大正十二年的关东大地震中被烧毁，后来圣堂复建之时，皇室另赐一尊孔子像安放在了圣堂内。这尊孔子像是明朝遗臣朱舜水带到日本的三尊孔子像之一（图2-12）。朱舜水因当时受到安东省庵（名守约，1622—1701）的诸多援助，便将三尊孔子像作为谢礼赠予了他。这三尊像皆为高1尺2寸

（约40厘米）的铜制立像。[1]其中一尊由安东家保存（现由第11代子孙安东守仁收藏），另一尊被安东省庵任职的柳河藩藩校传习馆保管（现存于福冈县立传习馆高中同窗会）。剩下的一尊在近世文化年间（1804–1818）不知所踪，后来作为贩卖品出现在市场，国学者西原晁树将其买下，保管于家中，后将其安放在柳河藩旧臣吉田舍人的家塾小祠堂中，并在此举行祭孔仪式。明治维新后，孔子像被交回西原家，明治七年（1874）前后开始由西原晁树的外甥曾我祐准保存。明治二十四年（1891），曾我祐准在转任宫中顾问官的时候，将其献给了太子（后来的大正天皇），太子将其安放在了起居室。关东大地震时，汤岛圣堂和孔子像都被烧毁，灾后启动了营造临时圣堂的计划，并开始考虑孔子像安置的问题。此时，宫中下发"恩命"，将宫中所藏孔子像"交付圣堂安置"[2]。于是，大正十三年（1924）四月，宫中下赐的孔子像被安放于临时圣堂中，并举行了孔子祭。此时，文部大臣江木千之在祭典后的演讲中提到"迅速复兴圣堂、盛行释奠，以图振兴文教，此乃谨遵圣旨之道也"[3]，强调复兴圣堂、举行释奠符合皇室振兴文教的旨意。祭典结束后的第二天，孔子像被送回宫内省，直到翌年祭典的前日，再从宫内省送至临时圣堂。直到昭和十年，新的汤岛圣堂竣工，孔子像才被正式安置在了大成殿。前面提到的近年以来的圣堂孔子像复原工作完成后，这尊朱舜水带来的孔子像便被迁出，现今由斯文会保存。

图2-12　朱舜水带来的孔子像

1　[日]石川忠久：《朱舜水将来孔子三像对面の儀について》，《斯文》第110号，2002年。

2　《聖堂復興略志》，圣堂复兴期成会1935年版。参考[日]铃木三八男：《朱舜水の携え来った孔子像について》，《斯文》第68号，1972年。

3　引自《圣堂复兴略志》。原文为日文，引文为笔者译。

第三节

多久圣庙、闲谷学校的衮冕孔子像

前文中提到的孔子像主要是行教像与司寇像。日本现存的孔子像大多是这两种形态，皇帝形态的衮冕像很少见。不过，日本最有名的衮冕孔子像是元禄年间由儒者中村惕斋（1629—1702）设计、现在在多久圣庙和闲谷学校中安置的两尊。这两尊孔子像形态一致，至今仍作为祭祀对象在发挥作用。本节将简单整理一下这两尊孔子像的历史。

前文曾提到肥前多久邑主多久茂文，他为了振兴教育而下令建立学校，于元禄十二年建成了学问所（后来的东原庠舍）。当时，学问所的讲堂里安放了来自清朝的孔子像和四配像。该孔子像为高度1尺2寸（约40厘米）左右的青铜小像（图2－13），为行教坐像，背上背有一把宝剑，十分独特。但这尊孔子像并没有在多久圣庙中被祭祀过。明治十四年，在白木村（旧多久领地，现在的杵岛郡江北町白木）居民的恳请下，该孔子像被转移至白木村的白木圣庙里。此后每年四月和九月举行孔子祭，一直延续至今。

图2－13　白木圣庙的孔子像
（江北町重要文化遗产）

另一方面，元禄年间建立的多久圣庙中祭祀的是在日本新铸造的孔子像。多久茂文曾于元禄十三年（1700）委托京都儒者中村惕斋制作孔子像。元禄十四年（1701）九月，孔子像制作完成（图2－14）。该像高2尺7寸（约90厘米），青铜质地。孔子坐于椅上，椅子高2尺3寸6分（约78厘米），同为青铜质地。孔子像与椅子上皆刻有制造年份、铸造者、监督者等。[1]孔子像被安置于圣堂时还加设了神龛，将像放于其中。神龛高约8尺（约266厘米），木制，涂有色彩（图2-15）。从宝永五年起，多久圣庙拜殿的这尊孔子像被保存至今，并一直是释菜仪式的礼拜对象。

图2-14 多久圣庙的
孔子像

图2-15 多久圣庙的孔子像与神龛

与多久圣庙孔子像完全相同的一尊孔子像被安放在闲谷学校，它的设计和监工者也是中村惕斋。闲谷学校建成于宽文十年，是冈山藩主池田光政创建的近世最早的平民教育学校。宽文六年（1666），池田光政视察和气郡木谷村，称赞此地为"山水清闲，宜读书讲学之地"，决定在此设立学校。贞享元年，学校的圣堂竣工。元禄十四年，学校进行了

---

1 像的铭文写道："文宣王一位，元禄庚辰岁夏五月甲午铸成，冶工洛阳淳风坊播磨大掾圆贞拜镌南郊仲钦监工。"椅子铭文为："圣像之椅法被，洛阳寅风坊之住，铸工今井八左卫门光重造，元禄十三历庚辰初冬谷旦成，南郊仲钦监工。"

全方位整顿，规模宏伟壮观。当年，由津田永忠定做、中村惕斋设计、京都名匠铸造的金铜孔子像被安置在了学校的圣堂中，成为释菜的中心。该像与多久圣庙的孔子像相同，皆为椅子坐像，像高2尺7寸（约90厘米），置于红漆八角形神龛里（图2－16、图2－17）。该像被保存至今，每年1月4日的"初读之仪"、10月第4个星期六的释菜等活动中向公众开放数日。从照片可以看出，多久圣庙与闲谷学校的孔子像皆为衮冕像，所戴冠冕垂有12根旒，与天子同规格，衣裳上也有与天子同格的"十二章"花纹，可以说，这在当时的孔子像中是一种罕见的华丽装扮。

| 图2－16　闲谷学校的孔子像 | 图2－17　闲谷学校的孔子像与神龛 |

　　需要注意的是，在闲谷学校建立之前，冈山藩就已经设立了藩校。冈山藩校以藩士子弟的教育为目的，由藩主池田光政下令建设，宽永九

年在冈山城西正式开校。[1]不过该校既没有设
立大成殿，也没有供奉孔子像。据《备阳国
学记录》记载，开学典礼之时，池田光政请
来了儒者熊泽蕃山（1619—1691）。蕃山带
来了中江藤树写的"至圣文宣王"的书轴，
并将书轴挂在了讲堂与食堂之间中室的神龛
中，并讲授了《孝经》。此后的数十年间，
该书轴一直挂在藩校的中室（图2-18）。天
和二年（1682）二月，继承了池田光政藩主
之位的池田纲政亲临藩校举行释菜。此时，
祭祀对象改成了池田纲政亲自书写的"至圣
先师孔子神位"的木主，装于椟中被供奉在
中室。此后每年二月举行释菜。近代以后，
该木主被安置于冈山县女子师范学校的校长
办公室里，一直保存至今。[2]

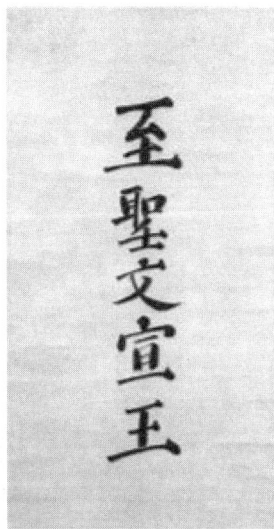

图2-18　中江藤树亲笔
"至圣文宣王"纸本墨书
（林原美术馆藏）

　　由此可见，在闲谷学校的释菜之前，冈山藩校就已经以书轴或木主
为中心进行释菜了。后来冈山藩校举行春季释菜、闲谷学校举行秋季释
菜的做法成为惯例，闲谷学校的释菜仪式上会有藩校派来的司仪。不
过，闲谷学校没有像藩校一样设立木主。实际上，祭孔仪式中使用木主
还是孔子像是关乎儒教理解的重要问题。近世有很多藩校像冈山藩校一
样，不设孔子像而设立木主（如萩藩明伦馆、加贺藩明伦堂、水户藩弘
道馆等，见图2-19、图2-20、图2-21）。为何会出现这样的差别？

1　[日]柴田一：《岡山藩の藩学と郷学——寛文～元禄期の教育施設の相互関係》，《閑
　　谷学校研究》第1号，1991年。
2　[日]浅利尚民：《岡山藩校の開校をいろどった書——中江藤樹筆"至聖文宣王"
　　と佐々木志津摩筆"学校"》，《閑谷学校研究》第13号，2009年。

使用木主与孔子像分别具有什么意义？有儒者认真考虑过这些问题，中村惕斋便是其中一位。他在设计多久圣庙与闲谷学校的衮冕孔子像时是如何思考的呢？下一节将详细讨论这个问题。

图2-19　萩藩明伦馆圣庙的木主

图2-20　加贺藩明伦堂的木主（传为朱舜水书，金泽市尾山神社藏）

图2-21　水户藩弘道馆的木主

第四节
像与木主的问题

在孔庙应该祭祀孔子像还是孔子木主，这个问题在中国自古以来就有很多讨论。从"先圣设像非古"（朱熹），"用像不当然，一毛一发有不似处时即非其人"（程颐）等说法可知，很多儒者对设像持反对意见。明太祖洪武年间（1368—1398），朝廷采纳宋濂上书的《孔子庙堂议》，在南京的孔庙停止使用孔子像，改为使用木主。此外，丘濬在《大学衍义补》中批判设像之事是佛教传入中国时带来的做法，他主张用木主代替造像。明世宗嘉靖九年，张璁上书改革祭孔样式，朝廷下令全国的孔庙废用孔子像，改为神主。[1]此后，各地孔庙普遍采用木主的形式，但是孔子像并没有被彻底废弃。同时，也有学者提出反对意见，认为画像、塑像等物在佛教传入中国之前就已存在，是具有正当性的。[2]

这样的议论也影响了日本儒学者。比如新井白石（1657—1725）在《圣像考》中考证了历史上有关孔子像的言论。儒者汤浅常山[3]（1708—1781）批判制作孔子像的做法"皆仿浮屠之法，铸像之类是也"[4]，认为铸造孔子像是模仿佛教的做法，是违背礼法的。加贺藩、秋田藩等地藩校采纳了设立木主的做法，但与此相比，设立孔子像的藩校更为常见。

1　[日]小岛毅：《嘉靖の礼制改革について》，《東洋文化研究所紀要》第117号，1992年。

2　例如明代吕坤认为："古有铸金刻木琢石塑土以像亲者，皆出于思慕之极无聊不得已之情，亦何病于礼乎。"（嵇璜、刘墉编：《续通典》卷八十四）

3　江户中期古文辞学派儒者。名元祯，号常山。备前冈山藩士。于江户师从服部南郭，与太宰春台、井上兰台、松崎观海等人交好。著书有《常山纪谈》《文会杂记》等。

4　[日]汤浅常山：《文会杂记》（延享五年戊辰三月十九日），[日]岸上操编：《少年必讀日本文庫第七编》，博文馆1891年版，第40页。

孔子衮冕像的设计者中村惕斋曾作《圣像章服考议》，对孔子像的外貌进行了具体的考证。[1]有关木主和像的取舍问题，他在序文中做了如下阐述：

> 朱子尝谓，宣圣不当设像。春秋祭时只依木主祭可也。后儒亦多议像设之非。至于朱明之初，去大学塑像，设木主祭之。嘉靖中遂以此令于天下之学。[2]

由此可知，惕斋充分意识到，朱子主张祭祀孔子时应使用木主而非像[3]，且后世诸多儒者批判像是对佛教的模仿[4]。惕斋还了解到，明太祖时期太学的孔子像被换成木主，嘉靖时期强制全国孔庙实行木主制。惕斋虽然没有评判嘉靖时期改革的对错，但对其效果进行了如下评述：

> 虽然，其势不能尽毁之。今观清朝之祀图，又复设像主。盖有世风人情所以不可已者在也。况吾邦之人，文未及华夏之盛，而今异教之图像蕃衍于寰宇之时乎。故释礼之主，非设衮冕之容则不足以副世俗之尊仰也。[5]

在惕斋看来，嘉靖时期撤去孔子像的命令实际上未能得以完全实

1　李月珊：《中村惕斎と元禄期の儒教儀礼——釈菜儀節・孔子像に見られる"礼文"と"人情"》，《日本思想史研究会会報》第31号，2015年。

2、5　《聖像章服考議・序》，《惕斎先生文集》卷九，日本九州大学附属图书馆硕水文库藏。

3　"宣圣本不当设像。春秋祭时，只设主祭可也。"《朱子语类》卷九十。

4　明代废除孔子像的一个理由就是认为像是受佛教影响的产物，孔子的"塑像"问题成为儒佛之争的焦点。丘濬认为："塑像之设，自古无之，至佛教入中国始有也。三代以前祀神皆以主，无有所谓像设也。"（丘濬：《大学衍义补》卷六十五《释奠先师之礼上》）李之藻认为："塑像本自佛教……惟设为木主最为得礼之中。"（李之藻：《頖宫礼乐疏》卷三《木主诂》）

现，观察清朝的释奠图可以发现，设像的例子仍有很多，其原因就在于"世风人情"有"不可已者"[1]。也就是说，与木主相比，设像是一种更符合人情的方式。惕斋在考虑日本的"世风"时指出，儒教在日本未如中国般兴盛，尤其在当下，"异教"（佛教）风靡于世，佛像与佛图四处扩散。惕斋意识到佛教图像具有打动人心的效果，为了与其对抗，儒教一方也应采用图像的方式，而非木主。为了引发世俗之"尊仰"，惕斋亲自设计了"衮冕之容"的孔子像，采用了最为尊贵的天子服制。惕斋通过"人情"的观点来肯定了孔子像及衮冕之容存在的正当性。

关于天子衮冕姿态，惕斋特别重视衣裳的"十二章"。他就中国"十二章"的形制进行了详细的历史考察，并以唐代为基准设计了孔子像的"衣"和"裳"的纹样。他考证道："至于唐复制十二章。日、月、星辰、山、龙、华虫、火、宗彝八章在衣，藻、粉米、黼、黻四章在裳。"[2]关于"十二章"的由来，惕斋称古代圣人"观日月星辰则取其明，观山则取其镇，观龙则取其变，观华虫则取其文。且以其形为衣服之章，明显法象"[3]。可见，"十二章"是古代圣人的"观象"之作，具有各自不同的象征意义。

可以得知，惕斋认为与木主制相比，孔子像才更通人情，且孔子像需要采用"衮冕"这一最高级的服制来对抗佛像。朱子基本上是主张木主制的，同时也承认孔子像不易废止，而惕斋却对孔子像作用于人心的积极作用抱有期待。对于孔子像的"王者衮冕"，惕斋认为"其制未必合古"[4]，

1　清代有学者强调"情"的重要性。万斯同在《群书疑辨》中指出"礼由情起，人情之所不能已者，先王勿禁"，戴震指出"体民之情，遂民之欲"，都将"人情"作为重要的基准。

2　《聖像章服考議·衣裳》，《惕斋先生文集》卷九，日本九州大学附属图书馆硕水文库藏。

3　《答懒斋问》，《惕斋先生文集》卷二，日本九州大学附属图书馆硕水文库藏。朱子的议论可见于《朱子语类》卷一百二十六。

4　《聖像章服考議·序》，《惕斋先生文集》卷九，日本九州大学附属图书馆硕水文库藏。

但"十二章"本身是先王所作，具有重要意义。如此，顺"情"而"惬众心"的孔子像对惕斋来说就成了一种必然。因此，闲谷学校及多久圣庙中安置的都是惕斋设计的身着衮冕的孔子像。

孔子衮冕像的铜铸像在日本并不多见，但同样造型的画像却存在很多。如英一蝶（1652—1724）绘图、伊藤东涯（1670—1736）作赞的孔子画像（图2-22）至今犹存。图中的孔子像与中村惕斋的孔子像十分相似，为坐在椅子上的衮冕姿态。这样的画像在数量上虽不及司寇像、行教像，但也有不少成了藩校祭祀的对象，如弘前藩稽古馆的孔子像（图2-23）、松山藩里仁馆的孔子像（图2-24）等。

图2-22　英一蝶的
孔子画像（斯文
会藏）

图2-23　弘前藩稽古馆
的孔子像

图2-24　松山藩里仁馆的
孔子像（山形县松山町资料
馆藏）

本章考察了日本的孔子像。古代大学寮庙堂里祭祀的孔子像是从中国传来的画像，或是将其进行临摹的画像。然而由于现存史料的限制，其具体模样并不清楚，只能通过后世流传的释奠图来推测其外貌。现存足利学校的16世纪的孔子木像是盘腿坐像，反映出中世佛教的强烈影响。到了近世初期，汤岛圣堂的孔子像同样出自佛像制作师之手。可以看出，僧侣长期担任文化传播者，在近世初期儒教发展之时，佛教作为文化基础深入渗透到了政治、社会的各个方面。受佛教影响，祭孔的对象多选用画像、塑像或铸像，而非木主。近世时期的学者虽然认识到造像是佛教的产物，但也并没有主张废除孔子像而改用木主。相反，在佛教蔓延的历史背景下，有的儒者为了提高儒教的影响力而制作孔子像，并选择了顺应人情的华丽尊贵的"十二章"衮冕像。他们认为这才是与佛教对抗的有效手段。总体来看，与木主相比，日本孔庙中安置更多的是孔子像。

除了本章提到的日本本土设计制作的孔子像以外，从中国直接传来的孔子像也作为祭祀对象发挥着巨大的影响力。除了吉备真备带来的孔子画像外，中国制造的孔子像也不在少数，如朱舜水带来的三尊孔子像、安放在白木圣庙的清朝传来的孔子像等。各式孔子像及相关的记述、临摹图不断流入日本，在此过程中，日本人对孔子像的外貌进行了甄选，并逐渐加入自己独特的理解，创造出了不同于中国的孔子像。近代以后的中国，孔子像逐渐被遗失、破坏，而在日本，孔子像却得到了较好的保存，有些孔子像直至现在仍作为祭祀对象被使用。明治后期，日本文部省管辖的汤岛圣堂制作了3000尊孔子像，并在孔子祭典中将其分发给了包括中国、朝鲜代表在内的众多人士。由此可见，孔子像所反映的时代性是非常有趣的课题，值得今后继续探讨。

另外，双腿交叉、两膝横放的盘坐姿态是日本流行的坐姿，在佛教图像里可以经常看见。在佛教僧侣推动下制作的足利学校的孔子像以及由七条佛师制作的汤岛圣堂的孔子像都是盘坐像。

值得注意的是，除了佛像，日本的肖像画和神像也多采取类似造型，例如反映东照大权现信仰的德川家康的肖像（画像和塑像都有）。德川家康死后，以天海大僧正位为中心的亲信推动了家康的神格化。在山王一实神道的理论指导下，家康被赋予了"东照大权现"的封号，并出现了身穿朝服（"束带"）、坐于宫殿上座的东照大权现像（图2－25）。后世还制作了盘腿坐的塑像，并将塑像置于庙宇的模型之中（图2－26），与孔子像及神龛的外貌有很大的相似性。此外，作为礼拜对象的武将及藩主的肖像、神社供奉的神像等都可见到盘腿坐像。因此，在考虑日本孔子像的特征时，除了关注儒教与佛教的关系外，还应充分考虑日本的人格神、人神祭祀以及日本神观念所带来的影响。[1]

图2－25　东照大权现像
（天海题字，木村了琢绘。
德川纪念财团藏）

图2－26　东照大权现坐像
宝永八年（1711）

1　有关孔子像与近世"神"观念的问题，参考［日］真壁仁：《神の宿るところ——德川後期の釈奠における迎送神と神像》，《学士会会报》第6号，2015年。

第三章
日本的祭孔仪式：释奠、释菜仪节

　　日本的孔庙和孔子像多被用于举行重要的祭祀仪式，即祭祀以孔子为首的儒家先圣先师的仪式——祭孔仪式。祭孔仪式在农历二月、八月（即春秋仲月）的第一个丁日（即"上丁日"）举行，历史上一般称之为"释奠"，其简略仪式称作"释菜"。前文已经多少涉及了此仪式，本章将追溯日本释奠、释菜的历史，通过与中国的对比来明确释奠、释菜"仪节"（即有关礼仪具体步骤、用品的规定）的变迁过程，并探明其特征。

第一节
释奠、释菜的传入与名称

　　"释奠"一词在史料中最早见于《礼记·王制》及《礼记·文王世子》，如"释奠于学""释奠于先圣先师"[1]。释奠原指在学校里向先圣先师献上币帛、馔（食物）、酒等供品的行为。在此，"先圣先师"指的

1　《礼记·王制》："天子将出征，类乎上帝，宜乎社，造乎祢，禡于所征之地。受命于祖，受成于学。出征，执有罪，反，释奠于学，以讯馘告。"《礼记·文王世子》："凡学，春官释奠于其先师，秋冬亦如之。凡始立学者，必释奠于先圣先师。及行事，必以币。凡释奠者，必有合也。有国故则否。凡大合乐，必遂养老。"

是为学校教育作出功绩之人，并不是指某个特定人物。也就是说，释奠原本并不是祭祀孔子的礼仪。到了后世，祭拜对象才逐渐演变为以孔子为代表的儒家圣贤。汉代，在孔子的故乡阙里，对孔子的祭祀受到重视。汉明帝永平二年（59），朝廷下令地方学校用"犬"祭祀周公、孔子。[1]魏正始二年（241），"帝初通论语，使太常以太牢祭孔子于辟雍，以颜渊配"（《三国志·魏书》），可见当时的太学祭祀了孔子、颜回。魏晋南北朝时期，释奠与皇帝、皇太子对儒学经典的学习有着密切关系，后来形成了春秋的"二仲制"（即在春秋两仲月的上丁日举行仪式），仪式也得以完善。唐开元年间，释奠得到了高度的制度化，其详细步骤被写入《开元礼》，基本确立了祭祀先圣（孔子）、先师（颜子）、九哲（孔子门人）的祭祀样式。[2]

　　唐代样式的释奠传入了日本。日本《大宝令》《养老令》的学令中规定，每年春秋二仲月的上丁日在大学、国学举行释奠。天平年间，遣唐使吉备真备从唐带回礼典，仿照唐礼完善了日本的释奠仪式。此外，"延喜大学式载陈设、馈享、讲论之三事，凡诸国学舍，各释奠，国司行之"[3]。可见平安中期编纂的《延喜式》规定了释奠的具体内容。唐代的"孔子、颜子、九哲"的祭祀方式被大学寮采纳，仪式的具体步骤皆模仿唐《开元礼》。

　　另一方面，释菜这一仪式传入日本要晚得多。《礼记》及《周礼》

1　《后汉书·礼仪志上》："郡县道行乡饮酒于学校，皆祀圣师周公、孔子，牲以犬。"
2　颜子与"九哲"合称"十哲"。宋以后，确立了孔子与"四配"（即颜子、曾子、子思子、孟子）一同祭祀的形式。后来出现"先贤""先儒"等"从祀"人员，祭祀群逐渐庞大。元、明、清时代，"从祀"人选稍有变动，但基本以"孔子、四配、十哲（十二哲）、先贤、先儒"的顺序排列祭祀对象。
3　见《续日本纪》卷二本朝释奠条。

中已出现"释菜"一词。[1]"菜"指水菜等蔬菜类祭品。释菜的祭品较为简单，且省略了奏乐等步骤，可以说释菜是释奠的简略形式。释菜在北魏时期曾一度举行，此后长期废止。据说北齐的"拜孔揖颜"之礼遵照的便是释菜礼，唐代亦曾举行过释菜，但具体形式已不明了。有时释菜也被当做释奠的雅语，使用时与释奠几乎同义。[2]欧阳修（1007—1072）在《襄州谷城县夫子庙碑记》中写"释奠、释菜，祭之略者也……释奠有乐无尸，而释菜无乐，则其又略也，故其礼亡焉"[3]，指出无奏乐的释菜因其仪式简略而长期以来未被举行。然而北宋政和年间（1111—1118）制定的《政和五礼新仪》中可见"辟雍释菜仪"的条目，规定孟春（正月）、孟夏（四月）、孟秋（七月）、孟冬（十月）的朔日为释菜日，一年举行四次释菜。该仪式与每年春秋两季举行的释奠相比确实较为简略。此外，南宋绍熙五年（1194）十二月，朱熹在沧州精舍率领诸生举行的释菜是十分有名的。在仪式中，朱熹宣读了《沧州精舍告先圣文》，除先圣孔子及四配之外，还祭祀了周敦颐、程伊川等理学家。该释菜的仪节《沧州精舍释菜仪》[4]流传于后世，对日本的释菜礼造成了很大影响。明代洪武年间规定每月的朔日与望日在学校举行释菜。明代万历年间（1573—1620），释菜的祭品被定为兔、枣、栗、酒、蔬菜等，仪式的各项细节也得到了详细规定。

---

1 《礼记·文王世子》："始立学者，既兴器，用币，然后释菜。"《礼记·月令》："上丁，命乐正习舞，释菜。天子乃帅三公、九卿、诸侯、大夫亲往视之。仲丁，又命乐正入学习舞。是月也，祀不用牺牲，用圭璧，更皮币。"此外还有"舍菜""舍采""祭菜"等名称。《周礼·春官宗伯》："大胥掌学士之版，以待致诸子。春入学舍采，合舞。"《礼记·学记》："古之教者，家有塾，党有庠，术有序，国有学……大学始教，皮弁祭菜，示敬道也。"

2 ［日］弥永贞三：《古代日本の釈奠について》，《続日本古代史論集》下卷，吉川弘文馆1972年版。

3 欧阳修：《襄州谷城县夫子庙碑记》，《欧阳修全集》卷三十九，中华书局1990年版。

4 收于《朱文公文集》卷六十九。

日本举行释菜的实例最早见于中世的金泽文库。太田道灌（1432—1486）的个人和歌集《慕景集》中记载："二月释菜，于金泽文库行之，三好日向守胜元处所求，添《邻家梅花》一题以为圣供。"[1]由此可知，金泽文库举行了释菜，并供奉了题为《邻家梅花》的和歌。然而此次释菜的具体情况因史料限制而并不明了。

到了近世以后，释菜逐渐广泛举行。宽永十年二月，林家儒者在忍冈圣堂举行了释菜，是近世释菜较早的实例。当时林罗山作汉诗《宽永癸酉仲春上丁始释菜于武州州学》，其中可见"释菜"一词。林罗山的儿子林读耕斋在庆安二年（1649）曾作《释菜说》一文，对于林家的释菜这样讲道："既而释菜之仪成矣。是省倭唐之释奠，而学沧州之释菜者也。"由此可见，林家的释菜参照的是朱熹在沧州精舍的释菜，与古代日本及中国的释奠相比较为简略。到了元禄时期，在幕府的支持下，林家新建了圣堂（汤岛圣堂），释菜也得到了大幅度完善。然而后世有人指出："元禄盛举之后，政府令条尚称释菜，其实林氏传家之私祀，随袭其旧称矣。"[2]可见，元禄时期后圣堂的仪式虽得到整备，但其性质仍是林家私人的祭礼，所以沿用了"释菜"这一旧称。后来释菜与释奠两个名称出现混用，宝历、安永年间的汤岛圣堂曾制定新的仪注，皆称"释奠仪注"。宽政年间，幕府的释奠改革之际，两词混用的问题得到了关注和解决。当时的记录《释奠私议》中对"释奠释菜之名义"进行了考证。其中讲道："我邦据礼记王制郑注，合释菜奠币而称释奠，虽诸说纷纭，后世当从此古意。"[3]可见，释奠的古义指的是"释菜"加上"奠币"（放置币帛）。汤岛圣堂的仪式是存在"奠币"部分的。而"这般升为国学，永列官祀之恒典，改公称释奠，固其当然"[4]，也就是

1　《慕景集》（写），别名《慕京集》，日本高知县立图书馆山内文库藏。

2、3、4　见《释奠私议》（写）"名目"条，日本国立国会图书馆藏。

说，宽政改革后圣堂的祭祀完全成为官方仪式，故理应废用"释菜"一名而改称释奠。从宽政八年（1796）开始，汤岛圣堂的祭孔仪式统一采用释奠这一名称。[1]

关于释奠与释菜的名称，近世各地大多数藩校及乡校并没有将两者严格区分使用。整体上来看，近世前期称释菜的居多，宽政期以后一般仿照幕府学问所汤岛圣堂的做法，称释奠。与前期相比，近世后期的藩校规模扩大，祭礼得到整备，这也在一定程度上促进了释奠这一较为正式的礼仪名称的使用。

不过，祭孔仪式的名称也曾引起过争议。在近世，除了武士教育场所的释奠以外，近世后期公家贵族的释奠也实现了复兴。弘化四年（1847），京都设立了模仿古代大学寮的公家正式的学问所（学习院），以大学寮释奠为基准的释奠在此得到重现。然而在复兴过程中，公家贵族们认为"若称释奠，恐关东有不便，甚心忧"[2]，也就是说，他们担心把学习院的祭礼称作释奠会受到幕府的反对。这是因为释奠原本规模盛大，所花费用也多，如果恢复这样的释奠恐怕难以得到幕府的准许，所以公家们强调该仪式是"简易"的。同时也为了避免让幕府错以为朝廷想剥夺幕府释奠的正统性，公家们舍弃了"释奠"这一名称。他们变更了仪礼的名目，改称"圣像御祭"，实际上也称作"上丁之事""丁祭"等。例如嘉永三年（1850）二月在学习院首次举行的祭孔仪式就被称作"丁祭"。然而看当日祭祀的情形，并不是公家许诺的"简易"仪式，而是颇为盛大。仪式步骤再现了古代大学寮释奠的样子，成了以关白为首、诸多公卿参加的一大庆典。虽然他们避而不称释奠，却有释奠

---

1 《昌平志》卷五《仪节志》中有关于"释奠今仪"的记录："释奠礼，按，旧仪称释菜，宽政丙辰，改称释奠。"[日]犬塚印南：《昌平志》，《日本教育文库（学校篇）》，日本图书中心1977年版，第150页。

2 见《桥本实万日记》嘉永二年（1849）五月一日条。

之实，这种名不副实的做法值得深入回味。

及至近代，日本的释奠一时衰微。而到了明治后期，在各地又趋于复兴。此时，祭礼的名称除了释奠以外，还有"孔子祭""孔子祭典"等。现在，汤岛圣堂每年4月的第4个周日举行"孔子祭"；足利学校自明治十四年复兴释奠之后，至今每年11月23日都举行释奠；九州的多久圣庙每年4月18日和10月最后一个周日举行释菜（当今各地举行祭孔仪式的例子参照表3-1）。如今祭孔仪式作为地方传统祭祀，献官（主持献礼的角色）多由市长等人担任，当地的中小学生也参加仪式。有的地方还将传统的仪式步骤改造成了现代风格。祭礼的名称更多承袭历史沿革，与当今礼仪实际的盛大程度或简略程度不再具有直接关系。

表3-1　当今日本举行的祭孔仪式一览

序号	场所	所在地	日期	名称
1	足利学校	栃木县足利市	11月23日	释奠
2	汤岛圣堂	东京都文京区	4月第4个星期日	孔子祭
3	闲谷学校的孔子庙	冈山县备前市	10月最后的星期六	释菜
4	久米至圣庙	冲绳县那霸市	9月28日	释奠
5	多久圣庙	佐贺县多久市	4月18日和10月最后的星期日	释菜
6	庄内藩校致道馆的圣庙	山形县鹤冈市	9月最后的星期六	孔子祭
7	德修馆的圣庙	山口县周南市	10月上旬	释菜
8	白木圣庙	佐贺县杵岛郡江北町	4月21日	孔子祭
9	长崎孔庙	长崎县长崎市	9月最后的星期六	孔子祭/释奠
10	道明寺天满宫的孔庙	大阪府藤井寺市	5月上旬的星期日	释奠
11	东日本国际大学的孔庙	福岛县磐城市	6月下旬	大成至圣先师孔子祭
12	岐阜县知新馆	岐阜县惠那市	4月中旬	释奠/孔子祭

第二节
古代的仪节：《延喜式》的释奠

　　仪节是对礼仪具体步骤、用品等内容的规定。记载释奠、释菜仪节的典籍多种多样，有各个时代官方编纂的礼典以及私撰的"故实书"等。对日本带来影响的礼典有唐太宗贞观十一年（637）实施的《贞观礼》、唐高宗显庆三年（658）实施的《显庆礼》、唐玄宗开元二十年（732）颁行的《开元礼》等，尤其是《开元礼》中与释奠有关的卷五十三《皇太子释奠于孔宣父》、卷五十四《国子释奠于孔宣父》、卷六十九《诸州释奠于孔宣父》、卷七十二《诸县释奠于孔宣父》等。其中，《皇太子释奠于孔宣父》与日本《延喜式》里的《大学寮释奠》内容基本相同，其内容分为斋戒、陈设、出宫、馈享（于庙堂举行的祭祀步骤）、讲学（于讲堂举行的经典释义、议论的步骤）、还宫等几项。其中，斋戒、陈设、馈享三者是具有宗教性质的仪式，构成释奠的本质部分，而其中最核心的部分是行三献之礼（初献、亚献、终献）的馈享。此外，与《皇太子释奠于孔宣父》相比，《国子释奠于孔宣父》较为简略，但仪式程序基本相同。《诸州释奠于孔宣父》与《诸县释奠于孔宣父》记载的是诸州学、县学里举行释奠的程序，《延喜式》中的《诸国释奠式》便是参照了这两卷。

　　在《延喜式》以前，日本还制定过《弘仁式》《贞观式》，其中也记录着释奠的步骤以及各种规定。因反映两式全貌的史料缺失，许多方面尚不明确，但可以推断两式模仿的都是唐代《开元礼》[1]。现在只有

1　［日］弥永贞三：《古代日本の釈奠について》，《続日本古代史論集》下卷，吉川弘文館1972年版。

《延喜式》的式文保存得较为完整。前面提到，《延喜式》的《大学寮释奠》之条、《诸国释奠式》之条是以唐《开元礼》为基础制定的，其内容基本一致，但也存在少许不同之处。弥永贞三的研究指出，《开元礼》的释奠中关于"文舞""武舞""永和之乐""肃和之乐""雍和之乐""舒和之乐"等乐舞的记叙在《延喜式》中被省略掉了，改成了"乐作""乐止"这样极为简略的描述。此处的"乐"具体指的是什么，在文中没有交代。不过，《三代实录》日本贞观二年（860）十二月的记录写道，当时日本各地国学的释奠仿照"大学例"，演奏"风俗乐"。由此可推知，大学寮、国学的释奠中演奏的很有可能是"风俗乐"。另外，弥永贞三指出，释奠的讲论部分也十分具有日本特色。也就是说，《开元礼》的释奠讲论中皇太子既是主办者又是学生中的一员，而《延喜式》的释奠讲论中皇太子是超脱于其他参加者的宾客，而实际的主办者是上卿。在中国，皇帝、皇太子时常亲临释奠，而在日本，除了神护景云元年天皇亲临释奠的例子、恒贞亲王（仁明天皇的皇太子）亲临释奠的例子以外，天皇、皇太子亲自参加释奠的例子并不多。而且在日本，释奠次日于皇宫举行"内议论"，天皇诏令众学者进宫讲学，这种"召师"的做法与唐礼中尊师的立场有显著不同，反映了超脱于律令法之外的日本天皇与中国皇帝的不同性质与立场。[1]

除了仪式步骤，释奠中所需的物品及供给部门在《延喜式》中都有详细的规定。例如大学寮释奠所用鱼虾贝类及海藻类（宫内省的贽殿）、各种谷物（大炊寮）、蔬菜类（内膳司）、酒（造酒司）、油及火把（主殿寮）等祭品都由专职人员制作和提供，从而保障仪式的顺利进行。

《延喜式》的释奠仪节在大学寮中不断被运用，然而安元三年（1177）四月，大学寮遭遇火灾而被烧毁，从此没有再建。从同年秋天

---

1 ［日］弥永贞三：《古代日本の釈奠について》，《続日本古代史論集》下卷，吉川弘文館1972年版。

开始，释奠改为在太政官厅举行。以太政官厅为庙堂举行的释奠程序在藤原定家（1162—1241）所著《释奠次第》中有详细的记载。《释奠次第》应该是时任参议的藤原定家在参加了建保三年（1215）的释奠之后不久写成的。仪式的主要步骤包括庙拜、寮飨、讲论（讲经与论义）、百度座（一种祭神酒宴，有饮酒）、宴座（进行明经、明法、算道的三道论义及文人赋诗的宴会）、稳座（发表诗句的宴会）等。其中，寮飨原本是在大学寮的正厅里举行的，但大学寮焚毁之后改在太政官厅的东厅举行。在寮飨这一步骤中，上卿以下的参加者要进行饮食，但藤原定家的注记中称，"近例"里寮飨的步骤被省略，不再举行。[1]

此外，记录释奠仪节的还有掌故家所写的"有职故实书"，如平安时代的《西宫记》《北山抄》《江家次第》等。其中记录了将大学寮释奠式简化后的"雨仪"仪式。总的来说，《延喜式》的释奠仪节在大学寮焚毁后虽然无法得到严格的遵守，但其基本步骤却得到了维持。

中世战乱后许多朝廷礼仪断绝，而释奠以类似"雨仪"的简略形式一直持续到了15世纪的应仁之乱时期。在地方，足利学校及九州菊池氏的圣堂等地都独自举行释奠。在公家社会里，释奠的传统以诗会的形式被传承下来，以三条西实隆家的诗会最为有名。不过，这些仪式从规模上来讲都无法与古代大学寮的仪式相媲美，皆为比较简略的仪式。

第三节
近世前期林家塾对释菜仪节的摸索——以《沧州精舍释菜仪》为起点

到了近世，从宽永十年二月起，林家的忍冈圣堂开始举行释菜，其

1　[日]所功：《冷泉家本〈朝仪諸次第〉与〈释奠次第〉》，《芸林》第49号，2000年。

仪节是以朱熹的《沧州精舍释菜仪》为基础制定的。承应三年（1654），林罗山在文章中写道："今兹二月仲丁释菜，……欲效朱子沧州之仪，世异地殊，或有小异。"[1]可以看出当时的释菜仿照了朱熹的沧州精舍释菜，并做了些许修正。然而，林罗山在同一文章中还写道："时盥漱靧面，登圣堂，肃拜周旋，远忆太学寮之事载于《延喜式》而今未存也。告朔礼废，羊亦亡矣。可以长吁。"可见，林罗山十分怀念《延喜式》中记载的盛大的大学寮释奠，内心期待实现释奠的复兴。

虽然林家最初的释菜颇为简略，但林家家主一直致力于完善仪节。宽文四年（1664）二月，林鹅峰抓住京都伶人来江户的机会，邀请他们来先圣殿进行演奏。林鹅峰后来作《先圣殿奏乐记》一文，记载了当时的情况："自营圣殿于武城之东郭忍冈以来，既逾三十年，聊存笾豆之事，未奏管弦之声。"可见他对先圣殿的释菜未曾演奏乐曲之事深感遗憾，他还写道："今兹春正月，伶工正四位下伯耆守狛朝臣近元，应官事自洛来江府。留滞之间，偶逢仲春上丁，携高庸等子侄拜圣殿，合奏筝笙笛筚春风之调……乃喜此殿礼乐始备，不亦幸乎。"[2]可见林鹅峰因先圣殿的释菜初次备有礼乐而感到无比喜悦。

宽文十年，林鹅峰奉幕府之命编撰的《本朝通鉴》成书，八月举行了规模盛大的释菜，兼以庆祝此次编纂工作的完成。当日释菜仪式的程序被记录在《庚戌释菜记》一书中。其程序主要包括"陈设""升堂""唱迎神词""伶工奏越天乐""扬帘""初献""亚献""终献""分献""讲义""五问五答""读诗""送神""下帘""礼毕""埋币""燔祝文"

1　见林罗山写给石川丈山的赠答文。[日]林罗山：《林羅山文集（上）》，鵜鹕社1979年版，第91页。

2　[日]林鹅峰著，日野龙夫编集：《鵞峰林学士文集（上）》卷三，《近世儒家文集集成》，鵜鹕社1997年版，第68—69页。

"纳祭器""饮福酒"等。[1]值得注意的是，奏乐、讲义、读诗等程序在《沧州精舍释菜仪》中是不存在的，可以说是林家儒者有意识整备的步骤。林鹅峰曾说："自承应甲午之春，其式渐备。顷岁论议不阙，诗有序者。且奏丝竹，唱迎送词，其法聊近古之释奠。"[2]由此可知，奏乐、论义、作诗等做法模仿的是古代释奠，这些做法在承应三年（1654）以后的林家释菜中得以整备。此外，在宽文十三年（1673）的时候，林鹅峰在日记《忍冈南塾乘》中讲道："见唐书礼乐志、朱子沧州释菜仪，及《延喜式》《江次第》，参考汉倭释菜之例，塾建之后四十年余，释菜二十余度，逐年损益，皆有所据，近年渐备。"[3]此处列举了《唐书·礼乐志》《沧州精舍释菜仪》《延喜式》《江（家）次第》等有关释奠、释菜的典籍，可见扩大了参照典籍的范围，努力实现了礼仪的整备。

林家塾的释菜在元禄四年新汤岛圣堂完工之后，得到了进一步的整备。同年二月举行的释菜中，将军德川纲吉率领老中、亲信等一同参列。当时仪节的基本程序与林鹅峰时代的《庚戌释菜记》记载相同，只是记录得更为详细。[4]如"扬帘"后，有"开文宣王并四配橱子之户"等对具体动作的指示，"三献""饮福""分胙""撤供"之后，又详细记述了"引者点香，书格者起座，就于西方漆阶坛上。捧书格，跪揖于滨献官前，竖问义。答毕一揖而退，三问者四问者问于亚献官，五问者问于初献官，如初"[5]等，由此可见"问义"这一程序的具体步骤。此外，"引者点香，文台者起坐，执西方漆坛上之诗卷置于香案前。讲师

1　迎送神词、初献词、亚献词、终献词的具体内容在《庚戌释菜记》的"附录"中有所记载，《庚戌释菜记》现藏与日本国立国会图书馆。

2　[日]林鹅峰著，日野龙夫编集：《鸢峰林学士文集（上）》卷七十八《西风泪露》，《近世儒家文集集成》，鹈鹕社1997年版。

3　日本东北大学附属图书馆藏。

4、5　[日]犬塚印南：《昌平志·旧仪》，《日本教育文库（学校篇）》，日本图书中心1977年版。

起坐至文台前，读师起坐至文台右，讲师读三献之师复坐，读师又然。讲名者起坐，代讲师悉读与祭者姓名毕复坐"[1]，详细描述了"献诗"这一程序。值得注意的是，"送神"以后，执行仪礼之人皆离席，随后"大学头信笃衣冠下袭，其余皆着假六位服。既终再出行殿，寄附御大成殿之料千石，信笃并母妻子女之辈有赐物。进御吸物御酒，有御柏子御仕舞，释菜诸生拜见，中刻回驾"[2]，可见当时的仪式存在赏赐、宴会、歌舞的环节。这样的记述在此前的释菜中并未见过，这也反映了纲吉将军亲临的此次仪礼规模颇为盛大。

然而在宝永六年（1709）德川家宣成为将军之后，过去林家释菜的方式遭到了极大的否定。否定意见来源于家宣的亲信、儒者新井白石（1657—1725）。白石批判了历年来林家释菜的做法，向家宣提交了他所写的《释奠仪注》。宝永六年八月，家宣参加了汤岛圣堂举行的祭礼，该仪式参照的便是新井白石的《释奠仪注》。此后，在宝永七年（1710）七月二十五日，新井白石又向将军家宣提交了《圣庙参诣次第》，随后三十日又献上了《圣庙御释菜一献四拜之次第》[3]。新井白石制定的这些新仪式未能留存，不过从宝永七年八月四日汤岛圣堂释菜的相关记录中可以推测其内容。须藤敏夫的研究指出，主要存在以下两个特点。[4]一是将军亲自主持了释菜。依照新井白石新制定的《圣庙参诣次第》，将军家宣率领诸大名驾临释菜仪式，亲取盛有酒的"爵"，将其供奉至神位前。此时的将军不再仅仅"观礼"，而是亲自担任了献官。

1、2 ［日］犬塚印南：《昌平志·旧仪》，《日本教育文库（学校篇）》，日本图书中心1977年版。

3 新井白石的日记中写道："上圣庙参诣次第，并元人来寇考……持参圣庙御释菜一献四拜之次第，进越前殿。"［日］新井白石著，东京大学史料编纂所编纂：《新井白石日记（下）》，《大日本古记录》，岩波书店1953年版，第120页。

4 ［日］须藤敏夫：《近世日本释奠の研究》，思文阁2001年版。

二是变更了礼服与参拜方法。在宝永七年八月的释菜中，家宣本欲身穿"束带"[1]参加释菜，而新井白石进言称"直垂乌帽"更合古礼。他讲道，唐土先王的礼服为直垂领，而圆领本是中国北方民族胡人的服饰，因此直垂领比圆领更符合礼仪。此外，日本的乌帽为周朝冠制的遗制，头巾则为后世新出之物。因此白石改革拜庙时的服制，为循正统古礼，以"立乌帽子"为冠，服装则为直垂领。此外，白石还改革了参拜的方法，把"九拜"之一的"振动拜"用于释菜。[2]他在《折焚柴记》中写道："九拜之中，至于振动拜，倭国存其礼，见于郑大夫之说，言授神拜之仪，遂授奉其仪。"[3]换言之，新井白石认为振动拜既是中国的古礼，也是日本的古礼。《三国志·魏书·乌丸鲜卑东夷传》中记载邪马台国的风俗："见大人所敬，但搏手以当跪拜。"《日本书纪·持统纪》中记载："皇后即天皇位。公卿百寮罗列，匝拜而拍手焉。"可见在古代日本，拍手是一种表达敬意的传统，在天皇即位仪式的拜礼中也采用了拍手的做法。所谓"振动拜"的拍手仪式在将天皇视为神的"神拜"中被使用，而新井白石首次将"振动拜"应用到了释菜中。

就这样，林家的传统做法被极大地改变。然而不久后，随着家宣的死去和德川吉宗的继任，新井白石也被迫下台，他的释菜改革也被撤回，林家释菜又恢复了原来的样子。到了吉宗时代，汤岛圣堂的释菜被要求避免奢华，节约经费。此后的时代，圣堂经历了数次火灾及重建，而释菜仪节也随着圣堂的变迁进行了数次的修订。

---

1 日本平安时代以后天皇和文武百官在朝廷上穿的正式服装，戴帽，穿袍。
2 [日]黑板胜美编：《新订增补国史大系》卷四十四《德川实纪》第七编，吉川弘文馆1965年版，第113页。
3 [日]新井白石著，今泉定介编辑：《新井白石全集》卷三，国书刊行会1977年版，第718—719页。根据桑原武夫的注解，"倭国存其礼"为唐代陆德明所言，新井白石误以为是郑兴之语。

第四节
近世中后期汤岛圣堂的释奠仪节——从参照明代释奠到回归《延喜式》

宝历年间，汤岛圣堂因腐朽、失火而进行了多次整修和重建，如宝历十一年因腐朽而进行的重修，因安永元年（1772）的失火而在两年后进行的重建，因天明六年的失火而在翌年进行的重建，宽政十一年（1799）进行的大规模修建等。每次修建时，都会进行新的祭孔仪节的修订。

例如宝历十一年的圣堂改修后写成的《宝历中昌平学校释奠仪注》[1]（别名《宝历辛巳都讲久保喜左卫门泰亨订正仪注》），其内容详细说明了"前期二十日""前期十日""前期六日""前期三日""前期一日"等释奠仪礼的先行步骤。在"前期一日"之时，"挂从祀画像六幅于神坐之左右，堂内布猩罽红毯，建龙旗，清道幡于入德门外"。此处的"猩罽红毯""建龙旗""清道幡"等显然是明代释奠中出现的记述。同样，释奠当日演奏的曲词都有了详细的记录，这在以前的仪注里是很少见的，其内容采用的是明嘉靖年间选定的释奠乐章。[2]如"唱迎神"（词曰：大哉孔圣，道德尊崇，维持王化，斯民是宗……）、"送神曲"（词曰：有严学宫，四方来宗，恪恭祀事，威仪雍雍……）、"初献词"（词曰：大哉圣师，实天生德，作乐以崇，时祀无斁……）、"亚献词"（词曰：百王宗师，生民物轨，瞻之洋洋，神其宁止……）等。

此外，安永三年（1774）圣堂再建后新制定的《国学释奠仪注》

1　日本内阁文库、京都大学等藏。

2　嘉靖十年的释奠乐章基本沿袭了宋代乐章，也有变革之处，如"宣圣"改为"孔圣"，"圣王"改为"圣师"等。

（别名《安永戊戌都讲关永一郎修龄订正仪注》）也保存了下来。[1]其内容包括"前五六日"的演习仪节及"前一日"的"致斋"等准备，以及仪式当日的"歌迎神词""司乐奏乐"等，不过乐章的具体内容被省略了。此外，"扬帘""升阶""启椟""撤馔""撤祝板""撤币筐""合椟""下帘""上香""讲经""读诗""送神""垂帐""礼毕""焚祝币""藏器"等步骤被记载得较为简单。最后还记载了"馂"，即掌仪、祝者、主祭官等分福酒、祭胙的步骤。从"馂"这一表述可以看出受到了朱子家礼的影响。《国学释奠仪注》的作者、担任林家塾学头的关松窗[2]（1727—1801）在制定仪节时曾作《国学释奠仪注质疑》[3]一文，列举了当时仪礼的问题点。关松窗在考虑改正仪注时，参考了明代释奠和朱子家礼的相关礼仪。关松窗认为，林家初期的释菜与朱子家礼及朱子的沧州精舍释菜礼仪有相通之处，而元禄期以后的释奠参考的是唐《开元礼》和明《阙里志》，并对其进行了取舍。他注意到，当时的释奠中并未设立"沙池"（"茅沙盘"）。"沙池"虽不见于古礼中，但不管是在《大明集礼》中还是朱子家礼的"祠堂降神"中均有此物出现，所以关松窗认为应当在释奠中采用此物。[4]此外，当时释奠的顺序错乱，如在"迎神"（迎接神明）后进行"卷帘"（卷起门帘）、"启椟"（开启门扉）的做法是错的，应仿照朱子家礼中的"奉主就位"（安置神主），把"启椟"改为"降神"。[5]在"送神"（送别神明）这一步骤里，应按照明代

1　日本国立国会图书馆、内阁文库、东京大学等藏。

2　关松窗，名脩龄。从学于井上兰台，宽延三年入昌平黉。

3　安永七年（1778）所作。引文出自日本国立国会图书馆藏《耕猎录三》。

4　《国学释奠仪注质疑》："凡祭有茅沙盘，一曰沙池。《大明集礼》释奠有沙池，祠堂降神，酹酒奠爵祭酒必倾茅沙上。是古礼未见，或昉于后世，然祭必设焉。今无设沙池，又无酹酒奠酒之仪，是不为缺典邪。"

5　《国学释奠仪注质疑》："一，迎神后卷帘启椟恐先后失次，不如仿家礼奉主就位，而降神之仪乃启椟，而迎神次序自顺。"

释奠的"焚祝"、"焚币"以及家礼祠堂祭的"焚祝送主"（焚烧祝版送神）来举行。[1]从中可看出，安永年间关松窗改订的释奠制度是融合了明代释奠制与朱子祠堂制的产物。

在宽政期的释奠改革中，这样的融合性样式得到了进一步的改革。宽政二年，幕府下令复兴正学以后，在儒官任用、学舍增设改建、学问考试及素读考试等一系列改革措施之外，对圣堂的释奠也进行了改革。[2]林家的私塾成了幕府直辖的"学问所"，新的圣堂学规及职务分工被制定，且从外部聘来了尾滕二洲、古贺精里等儒者。释奠具备了完全官营的性质。在宽政九年（1797）春天的释奠中，林家一族垄断献官的惯例被打破了，林家主祀有疾的情况下可由幕府任命的儒官担任。宽政十年（1798）二月的春祭中，释奠前日将军派遣了"侧众"来代表将军献上供品，此后成为惯例，一直延续到近世末期。此外，大名们也被强制要求参加释奠，或是献上神器。

同年，庙殿进行了大规模的改建，有记录称"追行其式故事也。其规画一效明制，杂以时宜……其兴造之盛，实近世所未有也"[3]。宽政十一年九月，新庙殿竣工，十一月举行了盛大的迁座仪式，从此圣堂名副其实地被幕府管理了。以往的释奠中，儒员门人可以自由参拜，然而圣堂和学问所受幕府管理之后，想要参拜的人必须提前获得许可，且禁止"僧道"之人参观释奠。若"诸侯人及士大夫家从"中有人想要参拜，则须事先"其主为之请，始许与观"[4]。

1　《国学释奠仪注质疑》："一，明释奠孔庙，送神讫乃取祝与币，诣望瘗位，以炬燎火，俟半燎实土半坎，赞礼唱礼毕，献官以下各以次出。家礼祠堂祭，焚祝送主。今俟祭讫，献官师执事者，焚祝与币于神厨炉上，殆无所妨。"

2　[日]须藤敏夫：《近世日本釈奠の研究》，思文阁2001年版，第153—154页。

3　[日]犬塚印南：《昌平志》卷二，《日本教育文库（学校篇）》，日本图书中心1977年版。

4　[日]犬塚印南：《昌平志》卷五，《日本教育文库（学校篇）》，日本图书中心1977年版。

幕府为了整顿释奠的仪节，命大学头林述斋和大乡良则等人调查研究释奠的典例，经过重重评议制作了仪式书及绘图。[1]宽政十二年，（1800）大乡良则等人提交了释奠仪节的调查结果《释奠私议》。宽政十二年正月，各儒官收到相关指示，其中第一条为："此度释奠仪注，全据开元礼延喜式，其中当时不便之处，略加更改。"[2]可以得知，新仪式书的最大特征就是参照了古代《延喜式》中大学寮释奠的样式。

　　宽政十二年春季的释奠首次按照新制定的仪节举行。《昌平志》中写道："二月（下丁）始释奠。改定仪节大加厘正，其礼一依《延喜式》，揆之以时宜。凡事之涉于虚文者，皆罢之。"[3]此次春祭之后，仪节又经历了重重审议，变得更加完善。从宽政十二年秋季的释奠开始，负责释奠的轮值、执役人员都会提前收到关于释奠的须知——《释奠心得之觉》，其中极其详细地记录了服装、仪式步骤以及注意事项等。宽政十二年八月改订的《庚申仲秋释奠仪注》与《延喜式》的释奠几乎一模一样，释奠的祝文也和《延喜式》中在先圣前宣读的祝文完全一致。[4]

　　当时的儒者大乡良则对宽政期释奠改革中复原《延喜式》的理由作出了如下解释：

1、2　《宽政十二年庚申二月释奠记》，《释奠私议》附录，日本国立国会图书馆藏。

3　[日]犬塚印南：《昌平志》卷二，《日本教育文库（学校篇）》，日本图书中心1977年版，第95—96页。

4　"定为万世不易之永式"的新仪的祝文、步骤与《延喜式》的释奠基本相同。如"享日质明，诸享官各着当色服，赞唱者帅赞者……乐止，持祝板进于神位之右，北面跪，读祝文曰：维某年岁次月朔日子征夷大将军谨遣官位姓名敢昭告于文宣王，惟王固天攸纵，降诞生知，经纬礼乐，阐扬文教……以颜子等配，尚飨……进颜子神位前，北向奠爵……减取正位及配位前胙肉共置一俎"。不过也存在区别。例如，《延喜式》中作为配祀的是颜子，作为从祀的是闵子骞、冉伯牛、仲弓、冉有、季路、宰我、子贡、子游、子夏，而新仪中的配享为颜子、曾子、子思子、孟子，从祀为周子、程伯子、程叔子、张子、邵子、朱子。新仪的配祀与"祝文"间有不一致的地方。参考[日]须藤敏夫：《近世日本释奠の研究》，思文阁2001年版，第147页。

良则按，《延喜式》全模仿《开元礼》，反复讲贯，其仪简易，次序条达，后世宜据用之，无过之者。朱子亦称唐《开元礼》却好，《开宝礼》只是全录《开元礼》，易去帝号耳，如《政和五礼》则甚错。又明国子司业宋濂《孔子庙堂议》称，古者释奠释菜名义虽存，而仪注皆不可考，《开元礼》仿佛仪礼馈食篇，节文为详，所谓三献，献后各饮福，即据尸酢主人主妇及宾之仪也。当时议礼者，本于周之旧，且杂以魏晋相传之仪而制之。抑如今之新仪沿革适宜，与从前之旧式比，实可谓无跛倚临祭之失矣。[1]

　　由此可知，朱熹认为唐《开元礼》比宋代的《开宝礼》和《政和五礼新仪》更为优越，[2]大乡良则认同这一说法。他还引用了明代宋濂的《孔子庙堂议》中的内容，认为释奠、释菜从古时候开始就只存名称而其详细的仪注不明，只有《开元礼》中详细记录了类似《仪礼·馈食》的内容。也就是说，《仪礼》这一礼经的经文中出现的"周之旧"（古礼）与"魏晋相传之仪"相混合，最终构成《开元礼》中的部分内容。因此，全模仿《开元礼》的日本《延喜式》一定程度上反映了古礼的内容。回归《延喜式》的宽政期释奠"新仪"比过去杂糅了《阙里志》及明制的"旧仪"更加"沿革适宜"。再加上《延喜式》之仪简易且顺序明晰，可以避免"跛倚临祭"（祭礼中姿势不正确）的弊害。总之，当时之所以回归《延喜式》中的释奠，其根据就在于认识到了礼的保存路径，即：正确的礼（礼法）＝古礼＝《开元礼》＝《延喜式》。[3]

1　《释奠私議·新儀》，日本国立国会图书馆藏。

2　《朱子语类》卷九十。

3　关于宽政改革中复兴《延喜式》的问题，参考［英］詹姆斯·麦克姆伦：《荻生徂徕、松平定信と宽政期の孔子崇拝》，《日本思想史研究》第45号，2013年；李月珊：《宽政期昌平坂学問所の釈奠改革と"礼"の問題：教育世界の敬神と秩序》，《日本思想史研究》第47号，2015年。

宽政期幕府释奠的变革后来对各地的释奠都产生了影响。《延喜式》的释奠记录在藩校的仪礼整备过程中被参照，后来在公家学问所的学习院也复兴了《延喜式》的大学寮释奠式。

不过，这样的传统随着近代学制改革和废藩置县而暂时画上了句号。明治后期以后各地的祭孔仪式逐渐复兴，其样式既有以传统样式为基础的，也有崭新的样式——神道式。关于神道仪式在祭孔仪式中的渗透，将在下一章进行具体分析。

本章主要整理了释奠、释菜仪节的历史变迁。

日本的古代、中世虽然存在释奠，却不存在释菜。释菜是在近世17世纪以后出现的。唐礼，特别是《开元礼》中的释奠仪式给日本带来很大的影响，以它为范本制定的《延喜式》释奠仪式从古代到近世都成为日本释奠的典范。另一方面，朱熹的《沧州精舍释菜仪》随着近世朱子学的流行而被日本近世初期的释菜所采用。

此外，明代以后的礼典、朱子家礼的记述都曾被日本近世中期以后的释奠、释菜采用过。近世后期，特别是宽政期以后出现了把唐礼视为最正统仪礼的倾向，《延喜式》释奠的复兴在幕府的学问所得到了实现。近世日本人之所以重视《延喜式》的释奠，是因为他们认为"正礼＝古礼"留存于日本古代法令制度中。就像新井白石主张的那样，日本的乌帽是周冠的遗制，是古礼的留存。

实际上，客观来看，《延喜式》释奠并非完全传承唐礼或是古礼，比如《延喜式》释奠中演奏的是日本独有的"风俗乐"。也就是说，礼仪中一些"日本化"的现象在较早的时期就开始出现了。这在祭品及祭祀对象的选定过程中都有所体现。日本释奠、释菜的独特性，将在下一

69

章进行详细分析。

另外，诸藩的藩校中，有的地方参照汤岛圣堂的仪式举行释奠，而有的地方自行制定了独特的释奠、释菜礼。其中，有的地方直接采用了朝鲜、中国传来的仪节。

例如战国武将赤松广通曾向朝鲜俘虏寻求六经，并得到了朝鲜的《五礼仪书》（指《国朝五礼仪》）以及《郡学释菜仪目》等。以这些书籍为参考，赤松广通在但马地区建立孔子庙，携部下练习释奠的祭仪。[1]祭仪中的祭服和祭冠等都仿照朝鲜的服制。如此，日本的地方释奠便受到了来自朝鲜的仪注以及赴日朝鲜人的影响。再如，被俘虏的朝鲜学者姜沆曾与藤原惺窝等日本学者交流，向他们描述了朝鲜释奠的样子。近世时期朝鲜通信使来到日本，在与日本学者的笔谈中多次触及释奠的话题。

除此之外，赴日中国人也对释奠、释菜的样式产生了影响。例如庆安四年（1651）二月松永尺五（1592—1657）在京洛的尺五堂举行的释菜仪式中，就能看到赴日的中国明末学者陈元赟的影响。《尺五堂先生全集》中记载道："释菜式，元赟相传。二月上丁日，学生若干人，乐人八人，礼生左右二人，礼役左右二人。"[2]也就是说，此次释菜仪式是根据陈元赟直接指导的形式举办的。礼拜、供馔、奏乐时的动作、发声、须知等皆来自陈元赟口授的指示。陈元赟的故乡余杭县的《余杭县志》（嘉庆戊辰年重修）中可见关于释奠礼仪的记录，陈元赟很有可能

1　[朝]姜沆：《贼中闻见录》，收于《睡隐集·看羊录》。
2　[日]松永尺五：《尺五堂先生全集》，《近世儒家文集集成》卷十一，鹈鹕社2000年版，第253页。

了解乡学释奠的知识，并将其应用于日本的仪式指导中。[1]

除此以外，明代遗儒朱舜水在宽文十年应水户藩主德川光圀的要求写成《学宫图说》，并按照设计图30∶1的比例制作了缩小的"学宫"模型。他还应光圀的要求写成《改定释奠仪注》，详细记载了三献官的官职、释奠的过程、四配、奏乐等。此仪注与明代李之藻（1565—1630）的《頖宫礼乐疏·仪注》几乎相同，[2]可见朱舜水在修订释奠时参照了明代礼制。延宝元年，朱舜水在江户驹笼与水户的藩士一同排练了释奠。《义公行实》中记载道："延宝元年，公将造大成殿于府下，假设殿堂于江户驹笼别庄，使家士就朱之瑜习释奠、启圣公祭及祠堂墓祭仪节。"[3]可见朱舜水在临时设立的圣堂演练了释奠等儒教礼仪。仪式中的朝服、角带、野服、道服、明道巾、纱帽等皆仿明朝的衣冠制，由朱舜水指导制作。幕府的儒臣人见竹洞参观了朱舜水的释奠演练，并感叹道："朱翁立墀指挥，礼容齐整，诸生拜趋之仪，肃肃可观。后又相公使良工就翁，造前圣、四配木主及簠、簋、笾、豆、樽、俎等器，复制大明之冠巾、衣服。翁自把剪刀、裁笺帛作其模制，众工皆叹其精妙。"[4]可见其对仪式的严肃和祭器、服装的精妙惊叹不已。

也就是说，日本有的地方举行的释奠、释菜十分独特，其发展的历史并非完全相同。虽然《延喜式》和《沧州精舍释菜仪》的影响颇为巨大，然而除此之外，具体的人员交流对释奠带来的影响也不可忽视。

1　[日]小松原涛：《陈元赟の研究》，雄山阁1962年版。

2　林俊宏：《朱舜水在日本的活动及其贡献研究》，台湾秀威资讯科技股份有限公司2004年版，第202—208页。

3　[日]水户彰考馆员纂辑：《朱舜水记事纂录》别卷，吉川弘文馆1914年版，第3—4页。

4　《人见竹洞与朱舜水问答》，《新订朱舜水集补遗》，台湾大学出版中心2004年版，第240页。

第四章
祭孔仪式的日本化

日本的祭孔仪式——释奠或释菜很大程度上参照了从中国和朝鲜传入的仪式，但其中又包含日本独有的特征。本章集中关注日本祭孔仪式中体现的日本化要素，具体从祭品、祭祀对象、祭祀方式和伴随祭祀的文学活动这四个方面进行考察，并探讨导致其日本化的原因。

第一节
祭品：不供肉食

中国的释奠中，供奉三牲（牛、羊、豕）是仪式的重要构成部分。日本的释奠最初引入了三牲，但后来逐渐为人们所忌讳，最终废止。

《延喜式》中的释奠规定三牲为"大鹿、小鹿、豕各加五脏"，并附加祭品"兔（醢料）"。可见日本以容易得到的肉类代替了中国的"牛、羊、豕"。还应注意的是，《延喜式》第二十卷《大学寮》中有以下规定：

> 凡享日，在园韩神并春日大原野等祭之前，及与祭日相当，停用三牲及兔，代之以鱼。其鱼，每府令进五寸以上鲤鲋之类，五十

只鲜洁者。[1]

　　也就是说，当释奠的祭日在园韩神、春日、大原野等祭祀之前或处于同一天时，不再供奉三牲和兔肉，而是以鲜洁的鱼代替。唐《开元礼》中没有这种在各类祭祀之时避讳三牲的规定，应该说是日本独有的。[2]导致这种规定出现的原因之一是弘仁至贞观年间逐渐增强的对"污秽"的意识。[3]

　　10世纪以后，若恰逢伊势神宫举行奉币仪式之际，在释奠中便会忌讳三牲，使用替代品，这一习惯已逐渐成立。例如《西宫记》中有"延长元年八月十四日，依伊势币使，释奠祭三牲进其代事"[4]的记录。到了12世纪，出现了因禁止杀生而停止三牲供奉的例子。如《百炼抄》对大治二年（1127）八月的释奠这样记载："八月十日，释奠依杀生禁断，不供荤腥之类。"查阅当月的史料可以得知，五天后即将举行的石清水放生会是导致释奠停止"荤腥之类"的直接原因。[5]由此可知，佛教禁止杀生的教义和意识也是导致三牲被忌讳的原因。

　　此外，对于释奠中不供奉肉的理由，后世出现了孔子托梦的传说。如《台记》久安二年（1146）四月一日的条目中有以下记载：

　　　　往古释奠供肉（见式），中古已来止之。或者云，人梦云，文

1　[日]黑板胜美编：《延喜式》，《新訂增補国史大系》卷二十六，吉川弘文馆2007年版。

2　[日]户川点：《釈奠における三牲》，《律令国家の政务と儀礼》，吉川弘文馆1995年版。关于日本释奠中三牲与污秽意识的问题，参考[日]中野昌代：《釈奠三牲奉供をめぐって》，《史窓》第53号，1996年。

3　[日]三桥正：《〈延喜式〉穢規定と穢意識》，《延喜式研究》第2号，1989年。此外参考户川点的《釈奠における三牲》。

4　《西宫记·恒例第三》，八月释奠条。

5　参考户川点的《釈奠における三牲》。

宣王云，大神宫常来临，莫供肉，因止之。[1]

也就是说，在某人的梦中文宣王孔子出现，告知此人有伊势大神宫之神来临，不要供奉肉食。院政时期对伊势神宫的信仰不断加深，这是释奠中止肉类供奉的重要背景。[2]这个故事后来被收入说话文学而广泛流传，如中世说话集《古今著闻集》中就有如下记录：

> 大学寮庙之庙供，昔备猪鹿，或人梦，尼父有曰：本国虽荐肉，来此朝后，大神宫来临同礼，不供秽食。后成不供之事。[3]

也就是说，尼父孔子托梦说，在"本国"（中国）虽享受猪、鹿等肉食供奉，但在"此朝"（日本）当与大神宫的祭祀同礼，不要供奉"秽食"。这个故事在近世时期也被普遍认知。例如松下见林（1637—1704）在《本朝学原》的《释奠考》中提到："当后三条院行善政，梦先圣告曰：释奠之日，天照大神降于庙廷，宜禁牲兽。自兹不供兽云。"[4]山县周南（1687—1752）的《本朝释奠考》及幕府宽政时期的《释奠私议》等文献中也引用了这个故事。后来又出现了专门对释奠的供肉进行考察的文本，如嘉永年间的《释奠不供肉事》，可见释奠中不供兽肉的做法受到了重视。[5]

1　《台记》久安二年（1146）四月一日条。[日]藤原赖长著，增补史料大成刊行会编：《增補史料大成・台記》，临川书店1966年版。

2　参考户川点的论文《釈奠における三牲》。此外参考[日]水口拓寿：《"尼父"と"大神宮"——〈古今著聞集〉神祇編十二話の一解釈》，[日]小岛毅编：《中世日本の王権と禅・宋学》，汲古书院2018年版。

3　[日]桥成季编著：《日本古典文学大系・古今著聞集》，岩波书店1966年版。

4　[日]松下见林：《本朝学原》，《日本教育史資料》卷六，临川书店1970年版。

5　日本东北大学狩野文库藏。

如此，触秽思想、佛教的不杀生观念和伊势神宫信仰等导致了释奠对三牲（兽肉）的忌讳。这个做法在中世、近世时期的释奠中也得以传承。观察近世时期日本各地的释奠，基本不用兽肉，有使用鸭、鸡、雁、兔作为"牲"的情况，其中使用最多的是鱼。值得注意的是，近世时期最为流行的是释菜。与释奠不同，释菜本来就不供奉肉类，使用的是芹菜等新鲜清洁的蔬菜类。这也是释菜在近世日本得以流行的原因之一。

　　还应注意的一点是，日本始终没有引入中国释奠的祭品"毛血豆"。所谓"毛血豆"指的是宰割三牲时将其毛和血用两个豆（一种祭器）进行盛放的一种祭品。唐《开元礼》中有供奉"毛血豆"的仪式，而日本的《延喜式》却完全删除了与其相关的记录。日本后世的释奠、释菜中也几乎没有供奉过"毛血豆"。

　　不过，祭品的规定是仪节的重要一环，对其作出变更需要正当的理由，那么，儒者们是如何从儒教角度进行解释的呢？近世儒者中有人意识到这个问题，并进行了认真的思考。例如昌平坂学问所的儒官柴野栗山（1736—1807）曾有过以下论述：

　　　释奠之名目本来以释菜奠币为其义，然虽有三牲庶品之盛馔，当以菜蔬币帛为主品。旧仪三簠各粢、三簋菜蔬、白饼黑饼为实……开元礼笾豆实各十种之下，言若土无者各以其类充之。即礼器天不生地不养君子不以为礼，鬼神不享也，居山以鱼鳖为礼，居泽以鹿豕为礼，君子谓之不知礼之意也。异日若有加数之举亦当各以其类为其实矣。[1]

　　也就是说，释奠这一名目的古义是指"释菜"（置菜）加"奠币"

<hr>

[1] 《釈奠私議・雑議》，日本国立国会图书馆藏。

（置币）。[1] 而释菜本身供奉的是蔬菜类，所以释奠的祭品原本不是三牲，而是"蔬菜"加"币帛"。此外，"簠""簋""笾""豆"等祭器中盛放的祭品并不固定。《开元礼》中允许以其他种类的东西代替"土无者"（当地不出产的东西）。其根据正如《礼记·礼器》中所述，如果在礼中使用了不合天时、地利的东西，"鬼神"就不会接受，也就是说，住在山里的人使用鱼、鳖作为祭品，住在水边的人使用鹿、猪作为祭品，都是不合礼法的。根据这个原则，使用当地固有的祭品才算妥当。如此，日本儒者便解释了为何日本释奠不用供奉"三牲"。

除了祭品，释奠的祭祀对象也存在日本化的现象，下一小节将对此进行具体考察。

第二节
祭祀对象：与孔子同祀的日本人、日本神

历史上祭孔仪式的祭祀对象不只有孔子。与孔子同祀的人物随着时代变化也有很大不同，其选择的基本标准包括是否是孔子的继承者，以及对儒家经典及学问是否作出过贡献等。[2]

---

1 《释奠私议·名目》中也讲道："释奠释菜之名义，……我邦据礼记王制郑注，释菜奠币合称释奠。"

2 孔子从祀的选择问题反映了中国历史上儒学主流思想的变化。相关研究参考黄进兴：《优入圣域：权力、信仰与正当性》，中华书局2010年版；张寿安：《打破道统 重建学统 清代学术思想史的一个新观察》，《中国文化》第2期，2010年；高明士：《隋唐庙学制度的成立与道统的关系》，中国唐代学会编：《唐代研究论集》第一辑，台湾新文丰出版公司1992年版；Thomas A. Wilson, *The ritual formation of Confucian orthodoxy and the descendants of the sage*, The Journal of Asian Studies 55, no. 3, August 1996. 孔子从祀问题在朝鲜史上成为事关正统性问题的学派斗争、政治斗争焦点，相关研究有[韩]李义权：《对郑梦周文庙从祀的考察》，《人文论丛》第10号，1982年。

唐代，孔子被称为先圣（孔宣父），伴随孔子一起被祭祀的有先师颜回、九哲（闵子骞、冉伯牛、仲弓、冉有、季路、宰我、子贡、子游、子夏）。这些人都是孔子的重要门徒。唐贞观二十一年（647）起，包含秦汉魏晋经师的21人被选入祭祀对象，即左丘明、卜子夏、公羊高、谷梁赤、伏胜、高堂生、戴胜、毛苌、孔安国、刘向、郑众、杜子春、马融、卢植、郑玄、服虔、何休、王肃、王弼、杜预、范宁。[1]这些人都被认为有"传经之功"（"诸儒从祀孔子，皆其有功于圣人之经"[2]）。他们被尊为"先贤""先儒"，作为"从祀"与孔子一起被祭祀。

再到后来，祭祀对象还被进行了分级，颜子不再被尊为特别的先师，而是在朱子学"道统"说的影响下选出四配——颜子、曾子、子思子、孟子，成为孔子的"配享"。先贤先儒等从祀的数量也逐渐增多，后世的张横渠、周敦颐、王阳明等学者都曾被选入从祀。特别是朱子学被确立为官学后，朱熹曾与孔子的门徒一起被列入"十二哲"。

在日本，孔子的同祀者在形式上大体分为两种。一种是从《延喜式》传下来的"孔子、颜子"形式。《延喜式》第二十卷《大学寮》条目中提到"释奠十一座……二座先圣文宣王、先师 颜 子……从祀九座闵子骞、冉伯牛、仲弓、冉有、季路、宰我、子贡、子游、子夏"。另外，《延喜式》的《诸国释奠式》中则将"先圣文宣王、先师颜子"两座作为专门的祭祀对象。[3]日本近世的藩校多采用《诸国释奠式》的祭祀方式，即祭祀"孔子、颜子"。另一种形式是"孔子、四配"或"孔子、四配、六从祀"，来源于朱熹的释菜礼仪，是所谓的"道统"

---

1 《旧唐书·本纪第三》《旧唐书·列传第一百三十九》及王溥《唐会要》卷三十五。

2 李之藻：《頖宫礼乐疏》卷二，文渊阁《四库全书》本。

3 只有太宰府以"孔子、颜子、闵子骞"三座的形式祭祀。《延喜式》的《诸国释奠式》中记载："释奠二座，先圣文宣王，先师颜子。但太宰府者，先圣、先师、闵子骞三座。"

式。[1]近世初期，林家祭孔仪式祭祀的是孔子—颜子、曾子、子思子、孟子—邵子（邵雍）、程叔子（程颐）、周子（周敦颐）、朱子（朱熹）、张子（张载）、程伯子（程颢）。[2]近世重视朱子学的藩校多采用这种"孔子、四配"的形式。

这种"道统"式的祭祀形式进而出现了日本化的倾向。首先，开始有日本学者被选入孔子的从祀中。例如暗斋学派的释菜除了祭祀朱熹等六位宋学者作为从祀外，又追加了山崎暗斋、浅见绚斋、三宅尚斋等本学派的先师。例如，宽延元年（1748），暗斋学派的蟹养斋设立了巾下学问所，在开校之日举行了释菜。当时祭祀的对象除了孔子、四配以及六位宋学者外，还有"日本山崎先生、佐藤先生、浅见先生、三宅先生从祀，乡先生小出梁濑二氏，与吾友天木氏，祀于西庑"[3]，可见一并祭祀了暗斋学派的各位学者。以后每年二月和八月的丁日都会进行释菜，在释菜中祭祀先圣（孔子）、晦庵朱先生（朱子）、日本三宅先生（三宅尚宅）的做法成为通例。可见，暗斋学派将本学派自封为"道统"的继承者，将本学派的先师与孔子、孟子、朱子等人一同祭祀。

除了这种将日本的朱子学者与历来的圣贤同祀的例子以外，还出现了用日本的历史人物或日本神灵代替部分圣贤的情况。值得注意的是，日本"神"的祭祀与孔子的祭祀原本就不相排斥。例如，近世初期的林鹅峰曾用释菜之礼祭祀菅原道真。林鹅峰认为："菅神者本朝儒宗。祭

---

1 朱熹的《大学章句序》《中庸章句序》中有关于"道统"内容的记述。

2 宽永九年起，林家圣堂在祭祀时除了孔子和四配像之外，还悬挂狩野山雪所画《历圣大儒像》的"二十一幅"——伏羲、神农、黄帝、尧、舜、禹、成汤、文王、武王、周公、孔子、颜子、曾子、孟子、子思子、邵子、程叔子、周子、朱子、张子、程伯子。其中六位宋学者的画像上有金世濂的题赞。后来圣堂还制作了"先贤""先儒"的图匾，在祭祀时张贴出来。

3 ［日］中村习斋：《新堂释菜仪》，《名古屋丛书第一卷·文教编》，名古屋市教育委员会1960年版。

祀过七百余年，然为浮屠被掠，昔先考曾设小祭，余追怀之余，聊准释菜之礼，神其歆乎。"[1]也就是说，菅原道真本为日本古代最知名的儒者，而长期以来佛教徒却将他作为"天神"进行祭祀。林鹅峰认为应该将其祭祀从佛教徒手中夺回来，以儒教礼仪的释菜之礼祭祀菅原道真。

　　宽政时期以后，各地藩校数量激增，很多地方对祭孔仪式展开了独自的摸索和实践。文政年间（1818—1829）设立的津藩有造馆在释奠中将菅原道真和吉备真备作为孔子的"配享"一起祭祀。津藩督学津阪东阳（1757—1825）在《圣庙配享义》一文中陈述了将吉备和菅原选为配享的理由。[2]他认为，这两位都对"斯文"有"功德"，在日本被尊为"百世宗师"，因此可以和孔子一起祭祀。

　　后来，又出现了日本神话中的神与孔子一起合祀或与孔子分别受祀于学校的情况。例如天保十二年开馆的水户藩弘道馆，将反映"神儒一致""文武不歧"精神的建御雷神作为受祀的神灵。弘道馆校内除了设立祭祀孔子的大成殿之外，还设立了祭祀建御雷神的鹿岛神社，两个祭祀空间在校内并存。水户藩儒者藤田东湖（1806—1855）曾经批判津藩有造馆将孔子和菅原道真、吉备真备一起祭祀的做法。理由是，吉备真备缺乏忠心，菅原道真也只是在"汉学"方面有功绩，他们不能从根本上代表"道"。[3]"神"才是"道之本"，他强调在学校祭祀"神"是极其有必要的。这里的"神"指日本神话中出现的诸神，其中最重要的是皇祖神的天照大神。实际上，弘道馆曾有人提出在馆中祭祀天照大神，但是考虑到只有皇族才有资格祭祀天照大神，为了避免僭越，他们最终选择了在建国神话中立下赫赫功绩的武神——建御雷神作为祭祀的对象。

1　《国史馆日录》宽文五年（1665）七月的记录。

2　[日]文部省编：《日本教育史资料》卷六，临川书店1970年版。

3　李月珊：《近世後期の教育現場における祭祀儀礼——津藩有造館の釈奠をめぐる議論と実践》，《日本思想史学》第48号，2016年。

第四章　祭孔仪式的日本化

到了近世末期，其他藩也逐渐出现对于这种武神的祭祀。例如，宝历年间创建的鸟取藩藩校尚德馆在幕末时期再次扩张、充实，除圣堂（孔庙）以外还修建了宇倍神社（祭祀武内宿祢）和加露神社（祭祀吉备真备）两个神社。[1]然而不久之后，加露神社的祭神吉备真备也因其人格的"不忠"被人质疑，最终，尚德馆模仿水户藩，将武瓮槌尊选为了祭祀对象。[2]安政六年（1859），武瓮槌尊被请入学馆内的加露神社，与武内宿祢、孔子一起在学校内接受祭祀。

此外，将日本神与孔子进行合祀的藩校还有加纳藩文武馆、盛冈藩作人馆、沼津藩明亲馆等。文政年间设立的加纳藩藩校宪章馆在文久年间（1861—1863）扩张，对文武教学各场地进行了合并，改称文武馆。除祭祀孔子以外，还祭祀日本武尊、菅原道真这两个"武"与"文"的象征。[3]盛冈藩藩校在庆应元年实施改革，改名为作人馆，受到后期水户学教学思想的深刻影响，在校内的神庙合祀"文宣王"和"大已贵命"。沼津藩明亲馆自文化年间创立以来，在新年开学及春秋两次祭典中于校内圣坛祭祀圣像，在讲武场的开讲典礼中祭祀摩利支天和日本武尊的画像。[4]

另外，学校祭祀还出现了完全排除孔子、只祭祀新"学神"的动向。提倡"神皇大道"的所谓皇学派受到水户学的君臣论影响，进一步否认"神儒一致"，否定儒教、"汉意"。例如长谷川昭道（1815—

1　《御国日记》的安政四年九月十四日条中记载了"武内宿祢及吉备大臣学馆御劝进之仪"。

2　安政五年（1858）正月，尚德馆儒者景山龙藏上书批判了对吉备真备的祭祀，由此学馆祭神改为武内宿祢和武瓮槌尊。

3　祭祀菅原道真的藩校还有岩槻藩、苗木藩、高田藩等。

4　参考［日］文部省编：《日本教育史资料》卷六，临川书店1970年版；［日］岐阜县教育委员会：《岐阜县教育史·史料编·近世》，岐阜县教育委员会1998年版；［日］长冈高人编著：《岩手县の教育史》，思文阁1986年版；静冈县编：《静冈县史·通史编四》，静冈县1997年版。

1897）在《学校祀神说》一文中否定孔子的祭祀，主张祭祀文武之神"八幡大神"，并配祀"大职冠藤公、和气清麿、楠父子"等符合"君臣标准"的人。[1]他的皇国学神论后来与平田国学派（矢野玄道等）的学神思想相结合，最终影响了明治二年（1869）八月新政府"大学校"的"学神祭"。[2]大学校的"学神祭"中，作为学神被祭祀的不是孔子，而是八意思兼神与久延毘古神。[3]

明治四年的废藩置县与明治五年的新学制改革后，释奠和学神祭都曾一时消失。[4]大学校的南校随后改名为开成学校，逐渐形成了大学事务官、教官、学生们参加的天长节及招魂祭等学校祭典。[5]明治七年，学校请求下赐天皇、皇后的相片并将其挂在临幸室。明治二十年（1887）以后，各地学校普遍供奉天皇的"御真影"和《勅语》誊本。明治四十年以后，汤岛圣堂复兴了孔子祭，祭祀对象依然是以孔子为首的历代圣贤，然而这些圣贤却被强调为"皇国精神"的体现者，而且祭典本身由神社的神官执行，实行了一种"神道式"的样式。下一小节将就此进行具体考察。

---

1 《学校祀神说》中提到"恭拜敬慕异邦人，则大损国体……是以其心移于汉土，而遂失我皇国"。参考信浓教育会编纂：《長谷川昭道全集》下卷，信浓每日新闻社1935年版，第11—14页。

2 明治新政府以"皇国之道"为支柱，试图创造一个统合国学、汉学、洋学的新祭神。有关明治初年"学神祭"的研究，可参考［日］大久保利谦：《明治初年の学神祭》，《明治維新と教育》，吉川弘文馆1987年版；［日］熊泽惠里子：《明治初年大学校・大学における学神祭の執行と終焉》，《幕末維新期における教育の近代化に関する研究——近代学校教育の生成過程》，风间书房2007年版。

3 平田笃胤在《每朝神拜词记》及《玉襷》中将"八意思兼神、忌部神、菅原神、久延毘古神"以及"羽仓大人、冈部大人、本居大人"（荷田春满、贺茂真渊、本居宣长）奉为"学问之神"。

4 明治维新后学神祭并未彻底消失，例如福井小学校等少数地方学校仍在举行。参考前注所引熊泽惠里子的研究。

5 参考注2所引熊泽惠里子的研究。

第三节

祭祀方式：神道式的祭孔仪式

前面提到，明治二年新政府设立的大学校废止了祭祀孔子的释奠，由国学者负责实施了祭祀八意思兼神的"学神祭"。对于该"学神祭"的样貌，当时大学校本校学生高桥胜弘（？—1917）做了以下描写："将供物盛于三盆，捧之之时皆以白纸蔽其口，于席上膝行而相授受，其状甚为异样。学神之前皆敷荒莚，于上张挂缔绳。如此，古来之汉学校忽而成社务所。"[1]可以看出，"白纸""缔绳"等物皆为神道祭祀用品，"汉学校"的祭典成了神社祭典的样式。

明治二十年开始，各地学校都举行"《教育勅语》的奉读"，教育场所的祭祀、崇敬对象逐渐集中到天皇身上。另一方面，汤岛圣堂于明治四十年四月复兴了孔子祭，前一年设立了团体"孔子祭典会"以致力于祭孔仪式的复兴。孔子祭典会的发起人中，选出了祭孔仪式的实行委员，其中平田盛胤（1863—1946）等人负责为典礼的举行方式立案。[2]平田盛胤是平田延胤（国学者平田笃胤之子）的养子，明治二十七年（1894）成为神田神社的社司。平田盛胤与其他几位委员起草了详细的祭典程序书，提交给了委员会并获得了通过。当时，关于祭典的方式，委员会进行过若干的讨论，最终，明治四十年一月制定的《孔子祭典会会则》第七条规定："祭典之仪式依赖神官行之。"[3]也就是说，当时的

1　[日]高桥胜弘：《昌平遗響》（1912年序），日本东北大学附属图书馆藏。

2　此外还有细田谦藏、三宅米吉、盐谷时敏三人。[日]镫屋一：《中国文化のキメラ——もうひとつの孔教論》，《目白大学总合科学研究》，2009年。

3　《孔子祭典会会则》，《孔子祭典会会报》第1号，明治四十年十月三十日（卷末夹纸）。参考前注所引镫屋一的论文。

仪节与历史上的释奠有了很大不同，成了神社的神官负责执行的神式典礼。明治四十年的祭孔仪式中，祭官由神田神社、下谷神社、汤岛神社等神社的社司担任。

在仪式的开始，首先进行神道的修祓仪式。祭孔仪式的整体步骤如下：[1]

1. 奏乐（乱声）。
2. 祓主进于祓户神座前，奏祓词。
3. 大币行事。
4. 撤祓户神座。
5. 行迎神式。
   奏乐（平调音取越天乐）。
6. 奠币。
7. 奠馔。
   奏乐（三台盐）。
8. 祭主奉读祝文。
   奏乐（五常乐）。
9. 撤币馔。
   奏乐（还城乐）。
10. 行送神式。
    奏乐（越天乐）。
11. 奏乐（长庆子）。

该祭孔仪式最大的特征是第二步"祓主进于祓户神座前，奏祓词"

---

1 《孔子祭典会报告》，《孔子祭典会会报》第1号，明治四十年十月三十日。参考前注所引镫屋一的论文。

以及第三步"大币行事"。也就是说，祓主在祓户这一场所奏上祓除罪秽的祓词，使用神道道具"大币"举行祓礼。祓词采用神道式中常见祓词，如"畏（美）畏（美）（毛）白（须）"[1]。之后的迎神、奠币、奠馔、读祝文、送神的这套程序基本与释奠、释菜的步骤一致，也是神道仪式的基本步骤。实际上，在当时很多人的意识中，儒教祭祀与神道祭祀在形式上具有一致性。例如有人认为："德川时代之释奠，与我国神祭式几乎一致，故今回举行之神祭式与释奠相比，唯欠祭酒饮福之仪而已。"[2]也就是说，德川时代的释奠与日本的祭神仪式几乎相同，明治时期复兴的神祭式的祭孔仪式与过去的释奠相比只是省略了"饮福"（祭主饮福酒）这项仪式而已。[3]在有些日本人看来，释奠、释菜与神道仪式本质上是相同的，正因如此，神道仪式才较为容易地取代了过去的释奠样式。

现如今汤岛圣堂的孔子祭也继承了这种神道仪式。祭典程序在汤岛圣堂的官方网页有公开介绍。[4]具体内容如下：

1. 祭主（原为林家当主，现由斯文会会长或名誉会长担任）、祭官（神官，现由神田神社宫司担任）、司式（主持者）、伶人（雅乐演奏者）及其他来宾到席。

2. 祭官为参会者进行修祓。

1　日文读音为"かしこみかしこみもまをす"。参考前注所引《孔子祭典会报告》。

2　参考前注所引《孔子祭典会报告》。

3　释奠在中国古代被列为祭祀的一种，唐礼规定："凡祭祀之名有四，一曰祀天神，二曰祭地祇，三曰享人鬼，四曰释奠于先圣先师。"（《大唐六典》）日本古代的释奠是不同于神祇祭祀的独立的礼仪。例如《延喜式》的释奠条目载于卷二十的《大学寮》，而不是卷一的《神祇》。不过，《延喜式》中有"释奠之祭"的说法，且释奠忌讳污秽，可以看出释奠与神祇祭祀具有类似性。参考[日]尾留川方孝：《穢れと供物の相対性——釈奠と神祇祭祀の差異から論じる成文化当初の穢れ観念》，《人文研紀要》第77号，2013年。

4　参见汤岛圣堂网站http://www.seido.or.jp/yushima.html。

3. 祭官伴随伶人的奏乐进行低吟，名为"警跸"，象征孔子像的到来。此时安放孔子像的神龛门被打开（"开扉"）。

4. 祭官奉上奠币。奠币原本的形式是绢帛5匹，现在以奉书纸（一种日本纸）代替。

5. 祭主朗读祭文。

6. 嘉宾学者（斯文会会员）进行讲经等。闭会致辞。

由此可见，现如今孔子祭的祭官由神田神社的宫司担任，在典礼开始时对参加者进行修祓仪式。此外，伴随迎神的音乐，神官发出被称为"警跸"的低吟声。这些做法与神社的祭祀十分相似。

此外，值得注意的是，祭典之后还举行讲经（讲解儒学经典）活动。讲师主要由大学或高中的教师（同时也是斯文会会员）担任，讲经时会为所有来宾发放印有讲解内容的稿纸（如《论语》中的一段内容）。这种传统在东亚其他地区反而不多见了。自古以来伴随释奠的讲经、作诗（写作汉诗）的活动在日本受到特别的重视，作为传统被坚守下来了。下一节将就此进行具体考察。

第四节
伴随祭祀的文学活动：对讲经、作诗的重视

释奠、释菜礼仪的中心部分是祭祀（"馈享"），而除此之外，伴随祭祀进行的讲经、作诗也是具有重要意义的活动。古代日本大学寮的释奠在祭祀结束之后有讲经、谢座谢酒、觞行三巡、三道讲义[1]及文人

---

1 与明经道、算道、明法道相关的问答、讨论。

赋诗等程序。

自古以来，讲经这一活动与释奠有着密切的联系。弥永贞三的研究指出，中国古代幼帝或太子在读通一卷经书后有举行释奠的惯例，此外，皇帝视察太学（天子视学）时举行御前讲义，其后举行释奠。例如东晋咸康元年（335），成帝习得《孝经》，于同年二月亲行释奠。再如升平元年（357），穆帝亲行释奠，亲讲《孝经》等。[1]这个传统被日本采用，并发展为"七经轮转讲读"的独特形式。"七经轮转讲读"是指以《孝经》为首，按照《礼记》《毛诗》《尚书》《论语》《周易》《左传》这七经的顺序依次在释奠当日进行讲读、讨论，循环一周后又回到《孝经》，并再次重复。与中国古代不同的是，日本的七经轮转讲读几乎没有天皇或皇太子参加，贵族公卿是讲学活动的主要参加者。讲读的基本程序是，首先"音博士"用汉音读经典，"座主"将其进行训读，"问者"执如意升于论义之座，向座主提出质疑之处，进行论义。这种七经轮转讲读的仪式最早开始于承和年间（834—848），在平安时代普遍举行，一直延续至后世。

另外，释奠当日除了七经轮转讲读，还会举行宴会，并举行诵读汉诗的"文人赋诗"仪式。诗题来自于当天讲读的儒家经典的内容。例如日本古代汉诗集中就有《仲春释奠听讲论语有如明珠》（《扶桑集》）、《仲秋释奠听讲古文孝经同赋天下和平》（《本朝丽藻》）等释奠诗。[2]菅原道真的《菅家文草》、岛田忠臣的《田氏家集》等私撰集中也收录

---

1 《晋书》卷十九："成帝咸康元年，帝讲《诗》通。穆帝升平元年三月，帝讲《孝经》通。孝武宁康三年七月，帝讲《孝经》通。并释奠如故事。"可以看出，每读完一部经典都会举行释奠。

2 《本朝文粹》《江吏部集》等也收录了类似的释奠诗。

了很多类似的释奠诗。[1]吟咏释奠诗的习惯在大学寮释奠衰败之后依然存在。比起祭祀行为，吟咏汉诗这项文学活动本身被赋予了更重要的意义。[2]室町时代后期的公家三条西实隆就曾以"诗会"的形式维持释奠的遗风。[3]永正年间（1504—1520），三条西实隆家每年二月和八月的上丁日在宅邸举办诗会，诗题常冠以"仲春上丁""仲秋上丁"等，表明诗会的举办日是传统的释奠日。诗歌主题多为"民用和睦"（《孝经》）、"耕于东郊"（《礼记》）、"鸿雁于飞"（《毛诗》）、"政贵有恒"（《尚书》）、"行夏之时"（《论语》）、"枯杨生华"（《周易》）及"秋无苦雨"（《左传》）等，出于儒家经典的内容。[4]

　　这种从儒学经典中依次选出诗题进行赋诗的做法在古代中国、朝鲜并不常见。当然，古代中国也曾在释奠之日举行宴会、诵读汉诗。例如北魏孝明帝时期的释奠就曾"并召百官作释奠诗，时以（常）景作为美"，"并应召作释奠侍宴诗"[5]等。尤其是南北朝时期的释奠，大多伴有宴会赋诗活动，现存南北朝释奠诗20余篇[6]，其中最有名的是颜延之的《皇太子释奠会作诗》[7]。该诗被收入《文选》，对日本产生了一定影

1　菅原道真的《菅家文草》中收录12首释奠诗，如《仲春释奠，听讲〈毛诗〉，同赋发言为诗》《仲春释奠，听讲〈左传〉，赋怀远以德》《仲春释奠，听讲〈古文孝经〉，同赋以孝事君则忠》《仲春释奠，听讲〈论语〉，同赋为政以德》《仲秋释奠，听讲〈周易〉，赋鸣鹤在荫》等。《田氏家集》中收录6首释奠诗，如《仲春释奠，听讲〈论语〉，同赋仲尼如日月》《七言仲秋释奠，听讲〈周易〉，赋从龙一首》《仲春释奠，听讲〈春秋〉，赋左氏艳而富》等。诗歌题目皆来自讲经内容。

2　在日本公家的释奠过程中文学活动比祭祀部分更受重视。相关分析参考［英］詹姆斯・麦克姆伦：《荻生徂徕、松平定信と寛政期の孔子崇拝》，《日本思想史研究》第45号，2013年。

3、4　［日］翠川文子：《三条西实隆の釈奠詩会——三条西家所蔵釈奠詩懐紙の紹介をかねて》，《季刊文学・語学》第57号，1970年。

5　出自《魏书・常景传》《魏书・附王遵业传》。

6　逯钦立辑校：《先秦汉魏晋南北朝诗》，中华书局1983年版。

7　南朝宋文帝元嘉二十年（443），皇太子刘劭在国学举行释奠时所作的诗歌。

响。此外，现存的释奠诗还有隋代诗人江总的《释奠诗应令》（8首）。这些诗歌皆为四言诗（日本的释奠诗多为五言诗与七言诗），且大多是奉皇帝、皇太子之命创作的"应令"诗。内容多为咏赞儒教兴盛与圣贤之德的内容，不过看不到像日本那样以轮读的儒学经典内容作为诗题的例子。而且中国从宋代以后，写作释奠诗的活动逐渐衰微。[1]而日本则不同，释奠日创作汉诗的传统直到现代仍然得以延续。

考察日本释奠诗的历史可以发现，释奠赋诗的行为在日本构成了一种固定的"年中行事"，即时令活动。在平安时代，释奠后的宴会作诗正好满足了贵族趣味，成为官僚贵族们展现儒学修养和作诗技术的绝佳场合。因释奠恰逢春秋两季而有利于创作者们借景抒情，释奠诗中经常出现富有季节感的词，这也体现了日本释奠作为"年中行事"的性质。再加上平安时期的学问倾向于重视文字、音韵、骈丽对偶、典据故事等汉学能力，与"明经"相比更加重视"纪传""文章"，也就不难理解为什么在释奠中会重视诗文的创作了。

这种倾向在日本近世仍然得以维持。近世很多地方举行的是释菜这种简略仪式，但是在祭典当日进行讲经及作诗活动的传统却被延续了下来。不过讲经的内容不再限于七经，诗歌的题目也拥有了自由度和多样性。例如林家在释菜之日所作的汉诗中，有的题为《庚辰仲春中丁释菜赋三皇如春》《丙子仲秋释菜赋孟子如秋》《己卯仲秋丁日赋濂溪霁月》等，歌颂的是古代及后世的圣贤。此外还有《释菜后宴赋语燕窥砚》《城南秋霁释菜后宴》《释菜后宴赋校书如叶》[2]等在释菜后的宴会上吟咏的"后宴诗"，多为描写风景、咏叹心情的内容。

各地藩校也有类似的例子。例如富山藩广德馆在释菜的前三日令学

---

1 虽然进士及第之时会参拜孔子庙并创作诗文，但与释奠诗的性质并不相同。

2 这些诗收录于［日］林鹅峰著，日野龙夫编集：《鹅峰林学士文集》，《近世儒家文集集成》，鹈鹕社1997年版。

生和教师创作诗歌，释菜当天的祭祀中途进行献诗、读诗的仪式。现存汉诗集《释奠颂》，收录的就是宽政九年春季释菜时广德馆祭酒（学头）以及教官、职员创作的汉诗。此外，出石藩弘道馆在释菜之后举行"享宴"，在宴会上"诗文社"的成员进行诗文创作。[1]类似的例子还有很多。

到了近世后期，京都朝廷的公家在学问所中复兴了释奠，并严格还原了古代大学寮的"七经轮转讲读"及相应的赋诗活动。例如在嘉永三年二月的释奠中，出自《尚书·尧典》的论义题目为"百姓昭明"，同时也成为作诗的诗题。现存9首汉诗，大部分内容表达的都是对天皇的赞美以及对天皇政治的期待，这恰好反映了幕末时期的政治风向。[2]

现如今，日本各地的释奠、释菜仍保留了创作汉诗的习惯。例如，冈山县闲谷学校在每年秋天的释菜之前会广泛征集"释菜诗"。优秀诗作的作者会被邀请参加当年的释菜，其作品会登载在杂志《闲谷学校研究》上。此外，栃木县足利学校每年秋季举行释奠，也会提前募集"释奠献诗"，并将相关作品印刷成册，在祭典当日分发给释奠参加者。

还应注意的一点是，释奠、释菜除了跟汉诗文紧密相关外，还与日本独有的和歌有所联系。也就是说，历史上存在有不少为释奠、释菜而创作的和歌。日本南北朝时代编纂的《新叶和歌集》中收录有《妙光寺内大臣年中行事三百六十首》的和歌，其中一首题为《释奠》。其大意为："古代汉人的身影显现于此，如同秋夜高悬的明月。"[3]此外，贞和

---

1 "列座于讲堂，研究斋东西，诗文社则北西而坐，赋诗属文，所奠诗文祭酒就近侍参政上之。"［日］文部省编：《日本教育史資料》卷六，临川书店1970年版。

2 例如清原在贤的诗中写道："圣明在上众功瀍，今比唐尧德教滋。既仰太平真有象，万邦黎首协和时。"《学习院释奠次第并作诗》，明治二年小杉榅邨写，日本国立国会图书馆藏。

3 日文原诗为"から人の、むかしのかげを、うつしきて、あふげは高さ、秋の夜の月"。

五年（1350）的《年中行事歌合》中，也有题为《释奠》的和歌，大意为："汉人聪慧的样貌显露于此，与圣明时代一样，今日举行祭祀。"[1]到了近世，幕府和歌所的北村季文于文政九年（1826）开始编纂《幕朝年中行事歌合》，收录了吟咏江户城内各类节日活动的和歌。其中一首即为关于"释奠"的和歌，其大意为："三度起身，三次献爵，眼前又现整齐的酒杯。"[2]其后还有一首关于"讲书始"的和歌，大意为："在梅花盛开的春日筵席上，有人教导我们，去走那条无限芬芳的道路吧。"[3]这两首和歌后面附有松平定信的判词，称："征伐结束后，行右文之御政，令行释奠讲书，至今不绝，实乃圣代之举也。"[4]也就是说，举行释奠和讲书皆是"右文"（重视学问）的象征，应该将其作为重要的年中行事维持下去。除此以外，幕末时期还流行《掌中倭歌年中行事》[5]等描述宫廷年中行事的诗歌集小册子，其中也收录了以《释奠》为题的和歌。

本章就祭孔仪式的祭品、祭祀对象、祭祀方式、文学活动的日本化问题进行了考察。可以得知，中国释奠极为重视的牛、羊、猪"三牲"在日本曾被换成鹿和猪，后来兽肉成为避讳对象，逐渐被鱼代替。这样

1　日文原诗为"から人の、かしこきかげを、うつしとめ、圣のときの、けふまつるなり"。

2　日文原诗为"三度たち、三たび備ふる、酒杯の、みだれぬ数も、更に見えつつ"。

3　日文原诗为"かくはしき、道ふみみよと、教けり、梅さく頃の、春のむしろに"。

4　[日]北村季文著，福井久藏撰辑：《秘籍大名文库：幕朝年中行事歌合》，厚生阁1938年版。

5　嘉永七年（1854）刊行，现藏于日本东北大学狩野文库、日本国立国会图书馆、内阁文库、早稻田大学、东京大学等处。

做与"触秽"思想、佛教不杀生观念以及伊势神宫的信仰有密切关系。儒教方面也有人对此作出解释，称根据日本风土选择祭品才能表达礼意，因此允许改变"三牲"。在祭祀对象方面，日本接受了"孔子、颜子"和"孔子、四配、六从祀"的形式，并进一步发展后者，将日本朱子学者加入从祀，一同祭祀。有的地方还废止了历来的配祀人物，将日本的历史人物或日本的神灵与孔子一同祭祀。例如将吉备真备、菅原道真作为孔子的配享进行祭祀，或将建御雷神、大已贵命与孔子同祀，或废止祭祀孔子而专祀八幡大神、八意思兼神等。明治初期大学校的祭典由神官执行，明治后期复原的祭孔仪式也变成了神道形式。这些都是异于东亚其他国家的"神国"日本独有的情况。另一方面，伴随祭祀的讲经、作诗等文学活动作为古代贵族教养的一种展现得到重视，后来被武士阶层继承，并一直延续至今。对这些文化活动的传承也是日本释奠、释菜的一个重要特色。除了汉诗、汉文以外，日本和歌也与祭孔仪式发生关联，这是体现日本文学与儒教文化融合的一个很好的例子。

祭孔仪式对于日本来说是一种外来文化，因此在与日本风土相结合时不可避免地出现了变化。祭孔仪式作为一种祭祀，会受到日本历来的神祇观念和佛教观念的影响，于是在祭品的选择和祭祀方法上出现了日本独有的做法。另一方面，祭孔仪式的相关学问活动和文学活动在日本扎根并传承下来，这与汉文学、汉文教养在日本长期受到重视的历史密切相关。总之，日本的祭孔仪式一方面随着时代变化而不断变换着样貌，一方面又作为一种传统被日本人长期延续和固守。

第五章
古代日本的孔子认识

　　儒教于1世纪传到朝鲜，在4世纪末至6世纪间传入日本。儒教不仅给朝鲜、日本的文化带来各种影响，还传至越南等东南亚国家，形成了亚洲儒教文化圈。儒教给日本带来的影响是多样的，它渗透在学术领域，乃至日本人的日常生活和精神世界。正如前文所说，古代的大学寮就有祭孔传统，孔子也在古代日本政治、思想领域屹立不倒。在古代日本，孔子作为人们的祭祀对象，接受日本人的顶礼膜拜，但这一时期日本人如何认识孔子？日本人有着怎样的孔子观？本章将就这一问题进行考察。

第一节
平安贵族的孔子崇拜——以菅原道真的释奠诗为中心

　　有关孔子的基本资料是《史记·孔子世家》，它创作于孔子逝世400年后的公元前1世纪左右。关于孔子其人的内容何时出现在日本，至今未发现有具体的文献记载。但在日本最早的两部史书《古事记》和《日本书纪》中都记载了《论语》东传日本之事：

　　　　百济国主照古王受命以贡上人，名和弥吉师。则是人附《论语》十卷、《千字文》一卷，并十一卷，即进贡。[1]

春二月，王仁来之。则太子菟道稚郎子师之。习诸典籍于王仁。莫不通达。[2]

但儒教传入日本的确切时间是《日本书纪》继体七年（513）中六月条的"百济供五经博士"之事。[3]

另外还有天平宝字元年（757），伴随《史记》的普及，学习纪传道的学生需要阅读三史的《史记》《汉书》《后汉书》的历史记载。[4]

如此看来，《史记》等三史是当时大学寮所采用的书籍。由此可知，到8世纪后半期，因《史记》在日本一定范围内的普及，孔子相关的知识也在日本传播。

另一方面，日本也开始了孔子崇拜，其核心便是祭孔活动的释奠。正如前文所述，释奠发源于汉代，并在唐代形成高度的制度化模式。祭祀对象是先圣孔子（孔宣父）、先师颜回以及九哲（颜回与九哲合在一起称为十哲）。

大宝元年之后，释奠由日本的大学寮负责举办。养老年间颁布的《养老令》学令规定，大学、国学须在每年春秋两季的仲月上丁日举行释奠活动。此习俗被后人继承并传于后世。《台记》中有"每朔日，拜诸神及先圣先师"的记述。[5]

对于古代贵族们而言，孔子于公于私都非常重要。于公，释奠在大学寮、国学、府学举行，参与释奠或举办释奠就是他们的使命，能够参

---

1 《日本古典文学大系·古事記·祝詞》，岩波书店1969年版，第248页。

2 《日本古典文学大系·日本書紀》上卷，岩波书店1964年版，第373页。

3 《日本古典文学大系·日本書紀》上卷，岩波书店1964年版，第371页。

4 《续日本纪》，天平宝字元年十一月九日。

5 《台记》久安三年（1147）七月十七日条。

与其中亦十分光荣；于私，孔子是人们追求学问的偶像，亦是他们崇拜的对象。同时，对他们而言，孔子也是能够帮助自己出人头地、获取现世利益的学问之"神"。

如前文所述，释奠的仪式有斋戒、陈列、馈享、讲经等过程。讲经之后，举办宴会，之后进行作诗活动。此时创作的诗叫作"释奠诗"。日本现存的释奠诗有34首，其收藏情况分别是《怀风藻》1首、《田氏家集》6首、《菅家文草》12首、《江吏部集》8首、《扶桑集》5首、《本朝丽藻》2首。分析这些释奠诗，可以看出当时参加释奠活动的人们对孔子的情感。本章将通过分析菅原道真所创作的释奠诗，探讨其孔子观。菅原道真是日本著名的学者、政治家，被称为日本"学问之神"。他曾创作多首释奠诗。[1]

图 5-1 位于福冈太宰府的纪念菅原道真的神社

菅原道真生于承和十二年（845），逝于延喜三年（903）。他是平安中期的汉学者、文人、政治家，曾得到宇多天皇的重用，官至右大臣，但不久后遭贬流放，并逝世于流放之地的大宰府。他被后世奉为天

---

1 关于菅原道真的释奠诗，有波户冈旭的研究，他将释奠诗作为道真的文学作品进行分析，主要考察其典故和修辞技巧。详细情况请参考《日本文学研究》第25号、26号，1986年。

神、学问之神，受到众人敬仰。以太宰府为首，日本各地都有祭祀他的天满宫。

图5-2　太宰府遗迹

　　菅原道真所创作的释奠诗有五言律诗和七言绝句两种。根据当时的学规，学生只能献咏律诗，秀才、进士及第者及诸国的官员献咏绝句。[1]道真于贞观四年（862）18岁时第一次参加宫廷举办的释奠。他第一首释奠诗创作于贞观五年（863），当时道真是年仅19岁的文章生。诗题是《仲春释奠礼毕，王公会都堂听讲〈礼记〉》：

图5-3　太宰府遗迹全景

1　《二中历》十二《书法历》："释奠……秀才、进士外国之后，皆短语，当职之间，献四韵，学生，又常赋四韵。"参考前注所引波户冈旭的论文。

礼毕还闻礼，

威仪得再成。

客台皆旧构，

粉泽更新情。

屈膝羊知母，

申行雁有兄。

尼丘千万仞，

高仰欲扬名。

　　这首诗中，菅原道真描写了孔子祭礼的具体内容，同时还赞扬了孔子的学德如千万仞的高山一般伟大。同时，作为一名年轻的文章生，他也在诗中表达了自己的抱负。此后，道真于贞观七年（865）写下《仲春释奠，听讲〈论语〉》。内容如下：

圣教非唯一，

孤源引万流。

此间赞仰事，

遥望鲁丘尼。

珠从洙水出，

辖自孔门投。

　　道真在强调《论语》重要性的同时，表达了自己对孔子的景仰之情。之后，道真于贞观十年（868）创作了《仲春释奠，听讲〈毛诗〉，同赋发言为诗》：

举手斟王泽，

形言见国风。

嘉鱼因孔至，

洙水待春通。

谏尽文章下，

情捋讽咏中。

颂声犹不寝，

将发太平功。

为听取孔子的教诲，人们相聚在一起。同时，人们越通晓孔子的思想，太平盛世就越能长久不衰，形成人人讴歌太平之世的景象。本诗在强调孔子思想的同时，也描绘了日本的太平盛世。

图5-4　神社正殿

仲春释奠，听讲〈孝经〉

此是天经即孝经，

分来圣道满皇庭。

为臣为子皆言道，

何啻春风仲月丁。

　　这是道真35岁之时创作的诗歌，创作于其成为文章博士的第二年春天。其要表达的内容是：《孝经》是天之法则，有天经即《孝经》的说法。孔子思想在朝廷广为流传。臣子服侍君主、孩子孝敬父母都是孝之德。《孝经》不仅适用于春风拂面的释奠之日，其教诲也需人们在日常生活中牢记。

　　将《孝经》作为天经是《孝经》中《三才章》中的内容："子曰：夫孝，天之经也，地之义也，民之行也。"《孝经》作为孔子教育思想的体现，在日本也很受重视。在孝谦天皇时代，《孝经》被各家收藏，天皇自己也讲授《孝经》。这不仅体现了那个时代朝廷热衷汲取中国文化，也表现了孔子思想在日本的绝对权威。

仲春释奠，听讲〈论语〉，同赋为政以德

君政万机此一经，

乘龙不忘始收萤。

北辰高处无为德，

疑是明珠作众星。

　　此诗是道真47岁时创作的诗句，当时他已升至从五位。从他的诗中可以读出，此时日本的君主所有的政务均依《论语》，即位之后也不忘勤学，励精图治。天子似高处闪耀的北极星，实施了尧舜无为的德化之善政，《论语》的句句箴言像群星一样闪耀。

　　道真高度评价了《论语》在日本广泛传播、渗透国家政治的景象。道真对《论语》的评价让人联想到近世著名的古学派代表人物伊藤仁斋

把《论语》评价为"宇宙第一书"之语。如此之高的评价可见道真对孔子、对《论语》的崇拜之情。

以上的诸释奠诗是道真在参加大学寮仪式时创作的作品。他的诗题中每次都出现儒家的重要典籍，如《论语》《孝经》《礼记》《毛诗》《周易》等。本来，释奠诗就是拥有强烈的仪式感的诗，一般运用经书之言，吟咏经书世界。这是当时文人官僚的本分，也考验他们的文章道水平。但我们仍可以从这些诗中体会到菅原道真强调儒学经典在日本的重要性及日本天皇与儒教典籍的密切关系。他的释奠诗强调了孔子的地位，表达了对孔子的敬意。

另外，道真也创作了详细描写释奠仪式的作品，在《仲春释奠，听讲〈孝经〉，同赋资事父事君并序》之中他这样写道：

> 仲春之月，初丁大听，有事于孔庙，盖释奠也。笾豆之事，则有司存之；芬芬之仪，则鬼神享之。礼云礼云，可名目以言矣。于是圆冠搏节，博带抠衣，命夫君子之儒，稽其古文之典。立言在简，宪章于鲁堂之中；敷说如流，拟议于洙水之上。

参加释奠之人需要佩戴儒者之冠，严格遵守规范，依照古时之礼祭拜。从菅原道真记述的释奠仪式中，可以看出，对他而言释奠是多么重要。

如果说参加大学寮的释奠是作为贵族文人、官僚的公务，那么道真在公务之外，还参加、主持过释奠仪式，也作有不少释

图5-5　菅原道真像（福冈太宰府藏）

奠诗。以下几首诗可以看出道真的心境。

北唐钱宴

我将南海饱风烟，

更妒他人道左迁。

倩意分忧非祖业，

徘徊孔庙圣门前。

这是道真在42岁时创作的作品，是他被贬后前往赞岐赴任之前，参加由大学寮的寮生举办的送别宴会之时的作品。

"南海的赞岐离都城十分远，我一定会十分无聊吧，更可悲的是人人认为我是被贬之身。细想起来，此次的职务并非祖业，令人担忧。我徘徊在孔庙圣门之前，依依不舍。"

道真作为文章博士，每年参加孔庙的祭孔仪式已成必然，但如今他已经不能再参加释奠，万念俱灰，徘徊于孔庙之前，久久不愿离去。离开孔庙，不能参加释奠，对于当时的文章博士而言，意味着将失去自己的精神支柱。其寂寥之感，跃然纸上。

对菅原道真而言，与其说他留恋文章博士的地位，不如说每年参加孔庙的释奠仪式已成为他人生中的一件大事。这一点下面的史实可以证明。在道真赴任赞岐的第二年，在宫中举办释奠的二月三丁未之日，道真在任职之地的赞岐同一时间也举办了释奠之礼。

州庙释奠有感

一趋一拜意如泥，

樽俎萧疏礼用迷。

晓漏春风三献后，

若非供祀定儿啼。

　　"即便进行了趋礼、拜礼，我的心仍混乱不已，不知所措。祭器、祭具也十分随意，品种也不充足，具体操作也不清楚。在破晓之时，春风拂面之中，三献之后也没能进行完美的供奉与祭祀，先师先圣定哭泣如孩提吧。"

　　日本除了在中央设立大学寮之外，在各地都设有国学。自各地设立国学以来，释奠之礼于春秋两季在七道诸国的国学之中举行。但因各地的仪式均有不足之处，朝廷在贞观二年给各国颁布了针对国学的释奠仪式规定。即便如此，与都城的大学寮举办的释奠相比，在道真看来，赞岐的国学举办的释奠仍十分简陋，礼仪也有不足之处。道真感叹，若是这样举办释奠，真是对先师孔子的不敬。

　　从这首诗中可以看出，道真十分重视释奠的仪礼，因为这是对孔子表达敬意的重要仪式。他的这一态度在下首诗中便可看出。此诗是宽平二年（890）之春，道真归京之时创作的。

折辕遵渚去春回，
闲卧凉风半死灰。
公事闻人谈说得，
野情趁我寂寥来。
不观释奠都堂礼，
何赐重阳内宴杯。
为向当时师友谢，
今年翰苑出庸材。

　　"去年之春，我乘坐马车巡视赞岐之渚，秋风瑟瑟，毫无生机。公事询问下属便可了解，所谓的任职也是寂寞不已。在此期间也不能参与都城的释奠，重阳的内宴也没能参加。在那里，我向师友宣布，从现在开始，平庸的我要走下诗坛。"

从这首诗中可以看出，道真在赞岐的任职生活十分寂寥。对他而言，更为痛苦、更无法忍受的是无法参加释奠以及无法参加宫中宴会之事。

道真作为当时的文人官僚，以一名大学寮博士身份参加释奠仪式不仅是使命使然，而且对道真而言，掌握儒学、提高儒学素养、尊崇孔子本身是最为重要的事。换句话说，崇拜孔子已经内化为他的精神，已经成为他的自我认同的重要支柱。因此，他创作的释奠诗，贯穿于他的生活，成为他生命中的一部分。

通过以上对道真释奠诗的考察可以看出，释奠对道真而言是生活中的大事，同时，从道真所作的诗中可以看出他对孔子怀有深深的敬意。在古代日本，不仅是道真，其他的贵族、文人官僚也十分重视释奠。菅原文章提到"释奠者盖先王所以奉圣钦贤，崇师重道之大典"[1]，大江匡衡也写到"夫释奠为国家之洪规，阙里之荣观"[2]。

在道真生活的时代，释奠的规模极其宏大。释奠诗是在祭孔仪式之后创作的诗句，是日本在讲诗环节进行展示的独特内容，在日本始于767年，而中国的释奠仪式中无此环节。这也许与儒家思想传入日本后，在被运用到政治的同时，孔子被偶像化、成为人们崇拜的对象的风潮有关。

事实上，释奠诗留存的数量极少，但现存的释奠诗中道真个人创作的就有12首之多。同时，作品的时间也是从青年一直到其晚年。其诗

---

1 《本朝文粹》卷九。
2 《江吏部集》中。

歌的文学性暂且不论，道真对孔子的崇拜之情流露无遗。也可以说这是日本古代文人、贵族所共有的情感。藤野麻吕也在《仲秋释奠》中写到"天纵神化远，万代仰芳猷"[1]，说孔子会永远受到人们敬仰。

关于释奠诗，川口久雄曾经指出："释奠诗是以经书之言及故事为基础创作的作品，因为强调儒教伦理，释奠诗的内容多概念性较强，文学性层面优秀的作品较少。"[2]诚然，释奠诗巧用经书之章句，多数都是概念性极强，缺乏诗情。但不可否认的是，从众多释奠诗中可以看出，孔子是日本古代贵族眼中的圣人，也是他们永远敬仰的对象。菅原道真的释奠诗原本就是用于歌颂、赞美天皇恩泽的宴会诗。它可与菅原道真的内宴、重阳之宴的诗歌相媲美，是菅原道真的得意之作。[3]但需要注意的是，道真不仅在官方的释奠之际吟咏释奠诗，即使在描写其个人情感等内心活动时，也多次涉及释奠。有关释奠的作品，道真远远多于当时其他贵族与知识分子。因此可以说，对作为文章博士的道真而言，释奠非常重要，从中亦能看到他对孔子的敬仰之情。

图5-6　菅原道真为"学问之神"，每年有成千上万的学子来神社许愿

1　《日本古典文学大系·懷風藻》，岩波书店1964年版。
2　[日]川口久雄：《平安朝日本漢文学の研究》上，明治书院1959年版。
3　[日]波户冈旭：《菅原道真の釈奠詩》，《日本文学研究》第25号、26号，1986年。

第二节

中世的孔子形象——以《今昔物语集》为中心

日本的说话文学在中世达到鼎盛，众多的说话集中出现了孔子的故事，比较著名的有《今昔物语集》《宇治拾遗物语》《十训抄》《古今著闻集》等故事集。《十训抄》的内容是儒教的教训，《古今著闻集》是著名的佛教说话集。有关这些说话集的成立、编纂过程或它们所依据的汉学资料等研究成果有许多，但是，对故事中出现了怎样的孔子形象却鲜有研究。中世故事集中的孔子形象与中国典籍中出现的孔子形象有何不同？这个问题与孔子在日本受容情况相关，同时也与中世日本人的孔子认识相关。因此，本章将以中世著名的《今昔物语集》为中心，分析其中的孔子形象。

图5-7　内阁文库本《今昔物语集》

《今昔物语集》成书于平安时代（794—1192），作者不详，内容分为印度、中国、日本三部分（天竺、震旦、本朝）。中国相关的内容是从第六卷至第十卷。第六卷与第七卷是有关中国佛教的故事，第八卷缺失，第九卷是"孝子谭"，最后的第十卷是中国的史书及小说中的奇异故事。有关孔子的说话故事有三个，均在第十卷的国史部分。

图5-8 榊原氏本《今昔物语集》

《今昔物语集》的第十卷被定位为国史。内容从秦始皇的故事开始，有中国著名的人物项羽和刘邦，有唐玄宗与杨贵妃的凄美爱情等，共收录了40个故事。第十卷的故事排列顺序是王朝史、贤人传、武人传、艺道故事。[1]与孔子相关的故事是第九、十、十五篇，分别为《臣下孔子道行值童子问申语》《孔子逍遥值荣启期闻言语》《孔子为教盗跖行其家怖返语》。毋庸置疑，这三个故事均来源于中国的典籍。

---

1 不仅是震旦部分，天竺、本朝部分也类似。天竺部里的顺序是帝王传、神仙传。本朝部缺失了原本收录皇室传的二十一卷，之后是藤原氏的故事，最后是武人传。

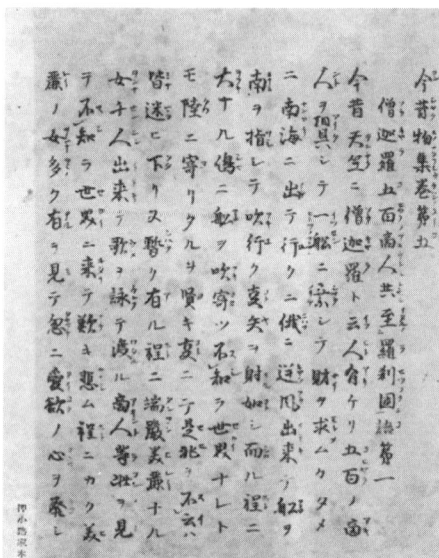

图5-9 押小路家本《今昔物语集》

　　据高阳的研究，第十卷是将孔子作为赞扬或讽刺的对象。[1]而日本学者上田设夫[2]、宫田尚[3]的相关研究均认为，故事所描绘的是儒学立场上的孔子像。如此看来，《今昔物语集》中的孔子形象呈多样化倾向。那么，孔子在书中的形象究竟如何，本章将结合《今昔物语集》第十卷的特点以及《今昔物语集》的结构等因素，考察孔子故事在故事集中的定位及孔子形象。首先是第十卷第九篇的《臣下孔子道行值童子问申语》。

1　高阳：《〈今昔物语集〉及日本中世的孔子故事——礼赞与讽刺之间》，《日语学习与研究》第2期，2011版。

2　［日］上田设夫：《敬して親しまず——今昔物語の孔子》，《国語と国文学》第65号，1988年。

3　［日］宫田尚：《荘子系孔子譚の選択——〈今昔物語集〉卷十への臆説》，《日本文学研究》第18号，1982年。

今昔震旦之周代，鲁国有一人，名叫孔丘。其父为叔梁，母为颜氏。世称孔丘为孔子也。其身长九尺六寸也，心贤悟深。儿时随老子读书，甚勤。长大之后，其才华横溢，弟子众多，遇事不愚。因此，国人皆颔首敬仰。[1]

这篇文章从孔子的生平、简历叙述了孔子受众人敬仰之事实。有关孔子的这个故事是由四个故事组成的，它们分别来自不同的汉文典籍。第一个故事：孔子御车路逢三个七岁左右的小孩在路中嬉戏。中有一儿不戏，以土做城。孔子驻车问曰："何不避车乎？"小儿答曰："昔今，只闻车避城，岂闻城避车？"夫子无言以对，逐乃车避城。[2]从这篇内容可以看出，孔子以一种普通人的身份对待小孩、尊重小孩，并没有表现出盛气凌人的态度，这里的孔子温和而又慈爱。

在此故事之后，孔子又向小孩提问了几个有趣的问题，均得到了巧妙的回答。孔子曰："听闻其回答，此童非凡人。"[3]此处的孔子形象不是圣人，而是一名温和的智者。第三个故事便是中国十分著名的《两小儿辩日》，这是《列子》中的内容，也被收录在中国的教科书之中。孔子无意间听到两个小孩对话，盛赞后生可畏。第九篇的第四个故事有孔子与弟子的问答内容，故事的结尾是"孔子乃见多识广之人，据传，世人皆俯首示敬"。可以说这则故事也高度评价了孔子。

孔子与众弟子引具道行，见路边墙内有马探出头，子曰"此牛探出了头"，弟子们都想"将马说成牛，真可怕"，但都觉得事有蹊跷，又没有人想出缘由。其第一大弟子颜回，行一里后想出答案，问孔子曰"午子加上露出的头，就是牛字，马露出头，为了考考大

1、2、3、4　[日]黑板胜美编：《国史大系》卷十六，吉川弘文馆1967年版，第452—453页。

家，您就有意说成牛"，子曰"然也"。此时已经走出了十六町，人的反应快慢之差别如此之大。[1]

由多部作品组合而成的第九篇故事，从其内容来看，孔子并不是《论语》《孔子家语》中的圣人形象，但同样得到了大家的敬仰。这也许与《今昔物语集》里"圣人"的位相有关，也与《今昔物语集》的编纂者的立场有关。关于这一点后面再论。

第十篇是《孔子逍遥值荣启期闻言语》。这个故事融合了两个道教故事。前半部分来自《庄子》里的《渔父》，后半部分是以《列子》为原型的故事。故事的内容是乘船的老翁看到弹琴的孔子，与孔子的弟子之间有一番对话，老翁得知孔子的所作所为之后，批判道"此人极度愚蠢"，然后离去。孔子从弟子那里听到此事却说"其圣人也，速请之"，然后请回老翁，两人又进行了一些交谈。首先，老翁与孔子弟子的谈话如下：

> 老翁向弟子说道："弹琴者何许人也，为少主乎？"弟子对曰："非也。"翁又问："国之臣乎？"弟子对曰："非也。"翁再问之："其为国之司乎？"弟子对曰："非也。"那么他是何许人也？答曰："其以贤者之名，止恶扬善。"老翁闻此言批判道："此人极度愚蠢。"然后离去。

此处，老翁批判孔子"极度愚蠢"。如果从道家的立场来看，孔子是在做与其身份不符之事的愚者。可是在孔子看来，这位老翁是圣人，所以才请回老翁进行了对话。孔子与老翁的对话如下：

---

1 ［日］黑板胜美编：《国史大系》卷十六，吉川弘文馆1967年版，第454页。

孔子问老翁："君为何许人也？"老翁说他我只是普通人，只是随心所欲的乘船翁，并问孔子是何许人也，孔子曰："我为正世之疾、阻世之恶，行善事也。"老翁曰说，你的做法毫无意义。有人厌恶阴影，跑到阳光下，为了摆脱阴影而奔跑，但却无法摆脱。安静地处于阴处自可摆脱影子，如若不然，想摆脱阴影而到阳光下时，即使耗尽体力仍无法摆脱。亦有犬尸流于水，这是因为它奔跑所致，溺水而死。此等之事毫无意义。只要在该居之所，安静地度过一生，此便是一生所愿。但为非愿之事，心为尘世所染，为其所扰，诚无益之事也。[1]

　　从此对话可以看出，老翁批判孔子，认为其所作所为毫无益处，这明显是道家的想法。老翁接着说："吾乐甚多：天生万物，唯人为贵，而吾得为人，是一乐也；男女之别，男尊女卑，故以男为贵，吾既得为男矣，是二乐也；人生有不见日月，不免襁褓者，吾既已行年九十矣，是三乐也。"语毕，不等孔子回答，划船而去。从这段对话中也可以看出，老翁的人生态度明显是道家的"无为"。孔子不仅高度评价这位老翁为圣人，还一直鞠躬送老翁直到其身影消失。第十卷的故事其实是想表达孔子对道家思想的赞同。这篇故事出自《列子·天瑞篇》的一部分。从道家的角度，孔子自然会成为其抨击、讽喻的对象。

　　第十五篇《孔子为教盗跖行其家怖返语》以《庄子》中的《杂篇·盗跖》为原型。这则故事的内容是，孔子去教育盗贼盗跖，却被盗跖一一驳斥，孔子失败而归。日本有名的谚语"孔子之败"便出自此。孔子采用各种方式对盗跖进行劝说教导，但盗跖却如此回答："可言，贤之事亦不能致贤者，故余虽好恶事，而不致灾。被赞者四五日也，诬亦四

1　[日]黑板胜美编：《国史大系》卷十六，吉川弘文馆1967年版，第455页。

五日也，故善恶皆为誉谤之无穷，以己之好行事宜。汝等以木皮为冠、以皮为衣，虽忧世而奉与朝，然鲁之形势依峻，割地无数，汝岂贤矣？可谓，汝之每言颇悖，速去。无用至极。"[1] 在此，孔子以及他所提倡的善恶观、价值观、伦理纲常都被盗跖全盘否定，他被批评得一无是处，孔子的落魄之状可想而知。以至于孔子在打道回府之际，因慌乱中找不到缰绳还多次未踩稳脚蹬。在此故事之中，孔子颜面扫地。这则故事也是以《庄子》的故事为原型。关于庄子，《史记》中的记载如下：

> 庄子者，蒙人也，名周……其学无所不窥，然其要本归于老子之言，故其著书十余万言，大抵率寓言也。作《渔父》《盗跖》《胠箧》，以诋讹孔子之徒，以明老子之术。

庄子一派的孔子故事均为否定孔子、推崇老子的故事。第十个故事、第十五个故事都源自《庄子》里否定孔子的作品。这些故事在国内人尽皆知，很明显，这并非《今昔物语集》所原创的内容。

但另一方面，第十卷中的三个孔子故事都对孔子使用了敬语。但是，同样，第十卷的故事中也有与庄子相关的故事，但对于庄子没有用一句敬语。因此，从遣词造句中也可以看出《今昔物语集》对孔子与庄子做了差异化处理。

《今昔物语集》选取的这些故事，究竟是与编纂者的主观立场有关，还是有其他不得不这样做的理由？或许这与编纂者选取孔子故事的目的有关。在这一方面，笔者认同宫田氏[2]的观点，即这源于当时资料的限制——当时的资料搜集能力有限。

1　[日]黑板胜美编：《国史大系》卷十六，吉川弘文馆1967年版，第461页。

2　[日]宫田尚：《十训抄の〈今昔物语集〉》，《日本文学研究》，1988年。

同时，从《今昔物语集》第十卷的结构可以看出，孔子的故事被定位为"圣贤说"。既然定位为"圣贤说"，故事应该叙述孔子成为圣贤的缘由，但书中的故事却不尽如此。比如第九篇的孔子可以看作圣贤，但第十篇与第十五篇两篇文章均对孔子进行了否定，即强调孔子的负面形象，描写了孔子的非圣贤性，这与圣贤说的主题似乎相矛盾。

另外需要注意的是，在三篇圣贤说中，均未把孔子称为"圣人"，取而代之的是"贤人"一词。但中国的文献中，孔子均被称为"圣人"。这是为何？综观《今昔物语集》的其他故事，只有佛教故事才出现了"圣人"一词。[1]可以看出，在以佛教故事为主的《今昔物语集》里，孔子所代表的儒教与释迦（佛祖）所代表的佛教的地位之不平等。

总之，在佛教最为盛行的中世日本，儒教在日本人心中的地位降至第二。在理念上，日本人虽对儒教之祖的孔子怀有尊敬之情，但实际上与佛教相比，孔子早已成为从属性存在。

从古代平安贵族崇拜孔子到中世时期日本对孔子进行否定，原因何在？古代日本实施律令制度，中国的儒教是维持律令制的精神支柱，因此可以说，当时儒教是日本的立国之本。贵族是这一时期国家的主体，对平安贵族而言，孔子及祭祀孔子的礼仪等本身具有十分重要的意义，因为这些正是他们文化认同与身份认同的根本所在。但进入中世之后，战乱不断，武士阶级势力不断壮大，人们的认识也随之发生了改变，出现了与贵族社会截然不同的社会意识形态。之前被尊崇的孔子转变为被贬低的对象，也就不足为奇了。[2]可以说，中世说话集里孔子的命运就是最好的证明。

1　参考前注所引高阳的论文《〈今昔物语集〉及日本中世的孔子故事——礼赞与讽刺之间》。

2　［日］长野常一：《説話文学論考》，笠间书院1980年版，第24页。他认为《源氏物语》中的光源氏在中世成为批判对象的原因就在于此。

中世时期的故事集中,除《今昔物语集》收录孔子故事外,《宇治拾遗物语》《十训抄》等故事集中也有一些与孔子有关的故事。这些说话集虽有相似的故事,却也独具特色。[1]笔者希望以后有机会对此进行进一步研究。

---

1 参考刘嘉韵:《〈宇治拾遗物语〉的特性——围绕孔子故事之流传与演变》,《日语学习与研究》第3期,2011年;[日]宫田尚:《十訓抄の〈今昔物語集〉》,《日本文学研究》,1988年。

第六章
近世学者的孔子观

　　日本近世，儒学大为盛行，各儒学派发展了本派各自的学说。儒者一般给人的印象是尊崇孔子的言行并以此律己，将《论语》视为"圣经"。但实际上，他们对孔子其人的认识各不相同。那么，近世的学者是如何认识和评价孔子的呢？在此，我们需要探究学者的所谓"孔子观"。要把握孔子观，需要考虑日本人如何接受《论语》《礼记》《孔子家语》《史记·孔子世家》等含有孔子相关记述的典籍，并如何受其影响。不过，本章暂不涉及日本对以上典籍的接受史，而是提取近世学者的言论中直接提及孔子人物形象的部分，并对其进行分析，重点关注孔子形象与"先王""神""圣人"的关系，具体考察近世朱子学派、徂徕学派、水户学派、国学派的学者对相关问题的意见。

第一节
孔子的神秘化：林家的孔子观

　　林家学者为近世日本儒学的复兴作出了巨大的贡献。他们的孔子观十分独特。他们将对孔子的尊崇与自身家族的存续问题联系在一起，把孔子视为家族的"守护神"，试图实现孔子的权威化。值得注意的是，林家学者时常表现出将孔子形象进行神秘化、绝对化的倾向。他们认为，孔子与其说是历史上实际存在的"人"，不如说是具有超脱性的"神"一般的存在。林家学者十分关注与孔子诞生相关的神话传说，并进行过认真的讨论。例如在宽文十年八月释菜礼的议论中，关于孔子的诞生，有人提出了如下问题：

> 窃闻，孔子将生，时有麒麟，吐玉书于阙里，又圣诞之夕，二龙绕室，五老降庭，果然乎。圣人不语怪，则疑是后世好事者之所妄言乎。是等之言，太过尊信圣人者乎。然胡五峰者，大儒也，记诸大纪，则抑亦有此理乎。信之则近惑，不信之则似不敬。信与不敬，难启发蒙昧，愿闻其辨，而解末学之疑。[1]

提问者对孔子诞生时出现麒麟、龙、仙人一事的可信程度产生了质疑。类似的故事还出现在《论语撰考》《春秋演孔图》等纬书中，是将孔子视为"黑龙"（黑帝）之子的一种圣人诞生神话。此外，孔子诞生时出现麒麟、龙、仙人的场景在《圣迹图》等描绘孔子生涯的图解书籍中经常出现。在此，提问者指出，圣人孔子自身并不言"怪"，因此这种荒诞无稽的传说可能是后世的人们为了"尊信"圣人而编造的故事。然而另一方面，南宋的大儒胡宏在其著作《皇王大纪》中也记录了这一传说，并未显示出怀疑。总之，如果相信这个传说的话就违背了圣人"不语怪"的教条，如果不相信的话则似乎是对圣人的"不敬"，不知该如何处理这一问题。对于此，答者林鹅峰断言道："有非常之事而有非常之人。"应该摒弃"不敬"，选择"信"。他列举出经书的内容以作为根据：

> 故《中庸》曰：国家将兴，必有祯祥。故圣贤之生，皆有奇

1　《庚戌釈菜記》，日本国立国会图书馆藏。

祥。然不经之事，置而不论，其见于经，姜嫄践武敏、简狄吞玄鸟、崧岳降神生申甫，共咏于诗。况其我夫子者，集群圣之大成，垂万世之大法，自生民以来，未有盛于此，岂不有天应之感瑞哉。[1]

在此，林鹅峰通过引用《中庸》中的内容，认可了圣贤诞生会有"奇祥"之兆的必然性。他还列举了《诗经》中记载的"姜嫄践武敏"（后稷的诞生）、"简狄吞玄鸟"（契的诞生）、"崧岳降神生申甫"（申伯和仲山甫的诞生）等圣人诞生的故事，并将他们和孔子的诞生一同视为"天应感瑞"。此外，他还讲道：

> 若疑诞日之瑞，则晚年麟至之感，亦不可信之。《春秋》圣笔，虽欲不信之，果不可得之。如汉高犹有云龙之应，有五星之聚，其余一代开基之应，先见之兆者间有之。故先儒曰：一国一家一兴尚有祯祥，况天生大圣为万世宗师休嘉之兆理乎。果不可疑焉。[2]

在林鹅峰看来，如果怀疑麒麟一事的话，那么《春秋》中"西狩获麟"的故事也变得不可信了，但是《春秋》这样的经书拥有绝对的权威，不容怀疑。而且，正如"汉高犹有云龙之应，有五星之聚"所讲，汉高祖等开国皇帝的诞生尚有吉兆（"祯祥"），那么上天在"万世宗师"圣人诞生之际就更没有理由不显示奇祥之兆了。林鹅峰认为孔子所代表的道之兴隆比"一国一家"的兴盛更为重要，更具普遍性价值。而关于孔子自身的"不语怪"，林鹅峰这样讲道：

> 孔子不以圣自居，故不语怪而自警，其戒索隐行怪者。呜呼，

1、2 《庚戌释菜记》，日本国立国会图书馆藏。

五星聚奎而濂洛学兴，紫气出井而朱文公生焉。与五老降庭天人感应之理自然暗合，岂可与常人同视疑之哉。[1]

也就是说，孔子并不认为自己是圣人、不言怪异是为了规诫自己和后世的人们。但圣人毕竟与常人不同。在此，林鹅峰强调"濂洛学"——朱子学的兴隆之际也出现了"五星聚奎"[2]的征兆。依照朱子所言，五星聚于"奎"象征着"治教休明""文明之运"的流行，于是出现了周濂溪、河南程氏两夫子等被称为"北宋五子"的人物。[3]这也是所谓的天意所向。林鹅峰还讲述了"濂洛学"的集大成者朱子诞生时出现的"紫气出井"的祥瑞之兆，并将其认为是与孔子诞生相同的"天人感应之理"。林鹅峰将这类神秘故事置于不容怀疑之地的目的是什么呢？关于这一点，他有如下一段意味深长的言论：

奇矣，庚戌之岁，前则有圣人之诞，后则有文公之生。先儒曰：夫子之经，得文公而正；夫子之道，得文公而明。今遇此干支而可不期文学隆盛之运哉。[4]

也就是说，孔子和朱子都出生于庚戌年，林鹅峰在"庚戌"这一干支中感受到了一种"命运"。林家塾举全力进行的修史工程完成的年份

---

1 《庚戌释菜記》，日本国立国会图书馆藏。

2 奎为二十八宿之一。古代中国为了表示月亮、太阳等位置，将赤道、黄道附近的星象分为二十八组，每一组为一宿。其中，"奎"主宰文运。

3 朱子的《大学章句序》中记载："天运循环，无往不复。宋德隆盛，治教休明。于是河南程氏两夫子出，而有以接乎孟氏之传，实始尊信此篇而表章之。"此外，《江州重建濂溪先生书堂记》中记载："盖自周衰孟轲氏没，而此道之传不属。更秦及汉，历晋隋唐，以至于我有宋，圣祖受命，五星聚奎，实开文明之运。然后气之漓者淳，判者合，清明之禀，得以全付于人而先生出焉。不繇师传，默契道体。"

4 《庚戌释菜記》，日本国立国会图书馆藏。

——宽文十年也恰巧为"庚戌"年。正如孔子之"道"在朱子出现后被发扬光大一样，此时林家面对的正是继承"夫子之道"的神圣使命。林鹅峰认为"庚戌"这一干支暗示了"文学隆盛之运"即将到来。他将孔子进行神秘化，与他试图确立自家学问的地位不无关系。

总之，林鹅峰肯定了孔子诞生之际的"麒麟、二龙、五老"的传说，力证其真实性，以图实现孔子的神圣化。在此过程中，他举出"天应感瑞""天人感应之理"等有关"天"的理论来作为证明的根据。

其后，延宝八年（1680）继承家业的林凤冈和其父林鹅峰一样，将孔子作为林家的守护神来尊崇信仰。他在释菜礼时祈求"唯冀赖天之灵，永奉祭祀，依神之德，不坠家声"[1]，希望依靠神德来维持家门的名声。不仅如此，孔子还被视为确保国家繁荣的万能之神。林凤冈继承了林鹅峰将孔子进行神秘化、权威化的做法，并将对孔子的尊崇进一步推向了极致。林凤冈在释菜告文中叙述"夫子之道"时毫不吝惜赞美之辞。例如"若夫至大而不穷，至明而无晦，高而不可畏，深而不可竭者，共惟夫子之道乎"[2]，将孔子之道视为至大、至明之物。"恭惟夫子之道，天地不足以配其广，日月不足以合其明，元气无一日之不周，圣道之无一日之不存"[3]，称孔子之道是充斥了空间、时间的万人尊崇之物。诸如此类的言论中，林凤冈屡屡将孔子、孔子之道比作"天""天道"。例如，他这样讲道：

夫四时流行，化生万物，高下散殊，咸逐其性者，天之道也。我夫子参天地，赞化育，明王道，正彝伦，使君君臣臣父父子子夫

1、3 [日]林凤冈著，德田武编：《凤冈林先生全集（四）》卷九十八《释菜告文·贞享元年甲子仲春》，勉诚出版2014年版，第79页。

2 [日]林凤冈著，德田武编：《凤冈林先生全集（四）》卷九十一《圣堂再造记》，勉诚出版2014年版，第8—9页。

夫妇妇，各得其分，尽其性诚，是与天道无间者也。故曰夫子之不可及也，犹天之不可阶而升也。又曰仲尼日月也，无得而逾。当时之论如此，亘万世无敢有异辞也。夫子之道，所以为盛也，所以为大也，是以天下后世蒙其泽者，实与天地同其久远也。[1]

也就是说，孔子之道如天地一般永恒久远，与"天道"并无二异。孔子是常人不可及之人，就像常人无法登天一样。孔子的伟大程度可与天比肩其高。由此可以看出，林凤冈时期对于孔子的尊崇可谓达到了时代的顶点。

实际上，林凤冈时期，林家颇受将军的信赖，林家儒者试图牢固确立儒学正统地位的意欲十分高涨。对孔子尊崇的绝对化也与林家的这种地位变化相关。林凤冈不止一次地向统治者宣称孔子是"镇护国家、辅助治教"[2]的万能之"神"，强调"孔子之神"守护着为政者的安稳与国家的太平。他这样讲道：

仰惟孔夫子明此道于当世，垂此教于后来。可谓仪范，百王师表，万世者也。王者得之，奉天建极；诸侯得之，安国保位。[3]

还有：

1　[日]林凤冈著，德田武编：《凤冈林先生全集（四）》卷九十八《释菜告文·元禄三年庚午三月》，勉诚出版2014年版，第84—85页。

2　[日]林凤冈著，德田武编：《凤冈林先生全集（四）》卷九十八《释菜告文·贞享四年丁卯二月》，勉诚出版2014年版，第82—83页。

3　[日]林凤冈著，德田武编：《凤冈林先生全集（四）》卷九十八《释菜告文·元禄二年己巳二月》，勉诚出版2014年版，第83—84页。

神容太喜，神心太安，神其感于此，应于此，必报之以千年之寿，必谢之以四海之治。[1]

林凤冈主张，如果王、诸侯能遵从孔子的教义，那么他们的地位会得到守护。在祭祀中，倘若孔子之神降临，就会为统治者带来"千年之寿"和"四海之治"。这种祈祷文表现的正是对孔子这样一位万能之"神"的绝对信仰。

如此，被林家儒者尊为万能之"神"的孔子被提升到了空前崇高的地位。然而，并不是所有儒者都如林家这般持有情绪化的，同时又有所企图的信仰。比起超越性的孔子，有的学者更加注重的是人性化的孔子，在尊崇孔子的同时，更加注意尊崇的方式。例如，暗斋学派的学者对于究竟应该将孔子作为"王"（文宣王）还是作为"师"来尊崇的问题就进行过认真的思考与讨论。

第二节
是王是师：暗斋学派的孔子观

暗斋学派的儒学者以朱子的继承者自居，十分尊信朱子。例如，山崎暗斋的名字"暗斋"就是他根据朱子的号"晦庵"而来。据传，山崎暗斋还因朱子姓"朱"便爱用红色的手帕，诸如此类的趣闻有很多。尤其值得注意的是山崎暗斋在临终前曾说过这样一段话：

1　[日]林凤冈著，德田武编：《凤冈林先生全集（四）》卷九十八《释菜告文·元禄四年辛未二月》，勉诚出版2014年版，第87—88页。

语门人曰：我学宗朱子，所以尊孔子也。尊孔子，以其与天地准也。《中庸》云：仲尼祖述尧舜，宪章文武。吾于孔子、朱子亦窃比焉。而宗朱子，亦非苟尊信之。吾意朱子之学，居敬穷理，即祖述孔子而不差者。故学朱子而谬，与朱子共谬也，何遗憾之有？是吾所以信朱子，亦述而不作也。汝辈坚守此意而勿失。[1]

"学朱子而谬，与朱子共谬也"，这句话体现了山崎暗斋对朱子的倾倒之至。同时，此处更加应该关注的是山崎暗斋崇信朱子的理由。暗斋尊崇朱子，是因为朱子尊崇孔子。[2]而朱子尊崇孔子，是因为孔子遵从于天地。暗斋认为可以使用"述而不作"的方法来实现"孔子、朱子、暗斋"的传承关系。暗斋的"述而不作"以朱子为对象，前提是朱子通过这个方法继承了孔子之道。[3]总之，暗斋对朱子的尊崇来源于对孔子的尊崇。

由此可以理解暗斋学派对孔子的崇拜。不过在尊崇的方式上，他们十分小心，尤其是在孔子的"王号"问题上。后世为彰显孔子的地位而赋予了孔子"大成至圣文宣王"的王号。对此，暗斋学派的儒者持反对态度。一方面，暗斋学派十分崇信"道统"，并将自身学派定位于此。"道统"是上古圣贤之道，依尧、舜、禹、汤、文王、武王、周公、孔子之序相传，由颜子、曾子、子思子、孟子相继，在孟子之后长期中断，后在宋代由周子再度相承，传于二程、张子、朱子，其中朱子是集大成者。在这个道统图中，孔子的位置被认为是十分特别的。孔子之前的人物基本上都身处统治者的地位，而孔子是首个"无位的圣人"。也就是说，道统之外还存在"政统"（即政治的正统，或统治的正统、君

1　日本古典学会编：《新编山崎闇斋全集》卷四《闇斋先生年谱》，鹈鹕社1978年版，第410—411页。

2、3　[日]清水则夫：《山崎闇斋の聖人観》，《東洋の思想と宗教》第23号，2006年。

臣的正统）的问题。[1]孔子本是不属于"政统"的人物，但"文宣王"这个称号却改变了这一状况。对此，暗斋学派强调将"德"和"位"的问题分开考虑。他们在重视"德"的同时，又注重"大义名分"，认为孔子不应拥有王号。"仲尼祖述尧舜，宪章文武"，这在道统上没有问题，但是暗斋学派却有意在孔子与圣王之间划出一道明确的界限。

具体来看，暗斋学派的学者十分关注明代嘉靖年间有关"孔子王祀"的讨论。"孔子王祀"讨论的是能否将孔子称为"文宣王"，以及能否使用与周王朝最高统治者同等规格的礼仪对孔子进行祭祀的问题。相关的言说在暗斋学者中村习斋的《释奠类说》中有所整理，其中引用了吴沈的《孔子封王辩》和张孚敬的《孔子祀典或问》。内容如下：

> 夫谓夫子有王者之道则可，谓夫子有王者之号则不可……褒之以王者之贵，曷若事之以师之为尊乎。书曰：天降下民，作之君，作之师。古者治教之职不分，君即师也，师即君也。二帝三王，尽君师之责者也。若夫子，则不得君而为师者也。师也者，君之所不得而臣者也。故曰虽诏于天子，无北面。所以尊师也。彼以王爵之贵为隆以称师者，习俗之见……
>
> 今将何以尊圣人。曰：在明其道，不在乎王不王。[2]

虽然孔子之道可称为"王者之道"，但是不能给予孔子"王者"的称号。尧、舜等圣王既是"师"，也是"君"。但孔子不曾成为君王，他

1　该问题参考［日］丸山真男：《闇斎学と闇斎学派》，《日本思想大系・山崎闇斎学派》，岩波书店1980年版。其中，丸山真男分析了Orthodoxy正统与Legitimacy正统的问题。此外参考［日］土田健次郎：《"治統"覚書——正統論・道統論との関係から》，《東洋の思想と宗教》第23号，2006年。

2　［日］中村习斋：《釈奠類説》（写），日本蓬左文庫藏。

自始至终都只是师。当然，师并不是不尊贵的存在。君主不能将师作为臣下对待，师见君主时可以不施臣下的北面之礼。总之，师应该作为师被尊敬，不需要特意以"王"的爵位来尊称孔子。对于这样的言论，暗斋学者中村习斋发表了如下看法：

> 山崎先生曰：孔子谓泰伯文王至德，谓武未尽善，讥鲁禘之非礼，而叹周公之衰，则文宣王之谥，决而不歆焉。然宋未之有革，故周子从之而已。张孚敬《孔子祀典或问》论之，尤正，有补于名教矣 周书抄略人伦部。又曰：唐以来王祀夫子，亦非礼之礼，张孚敬《孔子祀典或问》，实不易之格论，尤有补于名教矣 文会笔录亡吾郡。[1]

孔子赞扬遵守君臣之礼的泰伯、文王德行之高，认为讨伐纣王的武王是"未尽善"之人。而且，孔子对于鲁国以"禘"的王者之礼祭祀周公的做法进行了批判。据此，山崎暗斋认为孔子本人绝不会接受"文宣王"的谥号。山崎暗斋赞同张孚敬的观点，将孔子的"王号"视作"非礼"而进行了否定。

在此，暗斋重视的是正确的君臣之礼，这也反映了暗斋学派的学问特征，即重视对君臣父子大义的阐明以及对尊王斥霸的彰显。即使在对孔子的尊崇上，也要导入"名分"这一重要的判断标准。此处的"名分"不仅包括君臣上下的名分，也包括了关乎本国身份认同、关乎华夷内外的名分问题。例如，山崎暗斋曾有过下面一段名言：

> 尝问群弟子曰：方今彼邦，以孔子为大将，孟子为副将，牵数

---

1 ［日］中村习斋：《释奠类说》（写），日本蓬左文库藏。从"元禄壬午四月望日山本信义谨书"的记录可以看出作者为山本信义。

y

122

万骑来攻我邦，则吾党学孔孟之道者为之如何？弟子咸不能答，曰：小子不知所为，愿闻其说。曰：不幸若逢此厄，则吾党身披坚，手执锐，与之一战而擒孔孟，以报国恩，此即孔孟之道也。[1]

可见，山崎暗斋教育弟子，如果孔子、孟子作为将领来攻打日本，那么应该与之决战，将其擒拿，以"报国恩"。这才是遵从孔孟之教、忠于其道的做法。在这种主张的影响下，暗斋的弟子浅见䌹斋曾讲道：

生日本处今太平之时，承上御恩居心安而养生命。偏袒异国则为大异端。今若孔子、朱子蒙异国君命来攻日本，吾党应进先以铁炮打孔子、朱子之首。服其道而投降于异国人，或为其家臣者皆为大不忠。此谓君臣之大义。靖献遗言，只述此意。世读儒书，心变异国人，着深衣幅巾，仿异国人之事，为不知正道故也。以铁炮击杀孔子、朱子，为孔子、朱子所乐也。若尊信而顺从之，却为不忠也。[2]

在此，浅见䌹斋主张应该用铁炮击杀奉异国君主之命攻打而来的孔子和朱子。他批判日本儒者身穿异国"深衣""幅巾"的做法，称他们模仿异国、身心变为异国人并偏袒异国。他担心过于尊崇孔子、朱子会招致对本国的"不忠"。浅见䌹斋主张将日本视为"主"，将异国视为"客"，也就是将内外名分进行严格的区分。

后来，在暗斋门下的神道派中出现了否定尊崇孔子的意见。例如，谷秦山曾这样描述：

1　[日]原念斋：《先哲丛谈》，松荣堂书店1893年版。
2　[日]近藤启吾、金本正孝编：《浅见先生学谈》，《浅见䌹斋集》，国书刊行会1989年版。

> 日本人应以天照大神为本。唐人应以孔子为本。此为道理之至
> 极。汝为日本人，然舍天照大神，而以孔子为本，岂不甚谬乎？[1]

可见，谷秦山在这里明确区分了"日本人"和"唐人"的不同立场，强调作为"日本人"应该崇信的是日本的皇祖神天照大神，而不是孔子。这样的观念在近世后期产生了巨大的影响。

总之，暗斋学派的学者对孔子和"王"的问题进行了认真的思考，他们主张道统（学问的正统）和政统（君臣正统）应该作为两个不同的问题区别对待。不仅如此，他们在对孔子的尊崇中意识到"日本"这一立场，建立了将本国与他国相区别的所谓特殊主义的思考路径。对他们来说，孔子虽然在学问上是教主般的存在，但他同时也是一个异国人。

在近世时期，确实存在许多浅见𬘬斋所批判的那种"模仿异国人"的日本人。比如，徂徕学派的一部分儒者就给自己取和中国人一样的名字，并口说汉语。最具代表性的就是徂徕学派的创始人——荻生徂徕。他对孔子持怎样的看法，他如何思考孔子"德"与"位"的问题以及孔子和"先王"的优劣问题？对此，下一节将进行具体阐述。

第三节
孔子与先王：徂徕学派的孔子观

荻生徂徕曾求学于林凤冈，不过他批判朱子学为一种基于臆测的虚妄之说。他确立了一种解读古代中国经典的方法论，即古文辞学。徂徕的孔子观也与当时的儒者们大不相同。对于林凤冈的观点，如"五帝三

---

1 ［日］稻毛实编：《秦山先生手简》，青枫会1939年版。

王者，其有位之圣人也；孔夫子者，其无位之圣人也……其功用之大，贤于前圣远矣"[1]，荻生徂徕表示无法完全同意。也就是说，徂徕不同意孔子远优于三王五帝的说法。对于"圣人"一词，他有自己独特的理解。[2]

荻生徂徕在著作《辨名》中关于"圣"的条目中写道："圣者，作者之称也。"他把圣人看作是制作者，制作的对象即是"礼乐"。古代的帝王（伏羲、神农、黄帝、尧、舜、禹）都有制作礼乐的功绩，因而被称为圣人。如果参照这个标准，"述而不作"的孔子似乎不能被称作圣人。徂徕讲道："至于子思，推孔子之谓圣，而孔子无制作之迹。"[3]也就是说，孔子没有制作过礼乐刑政。如此一来，孔子就不能被认定为圣人。但是，徂徕又为了孔子作出了如下的辩白：

> 孔子，我不敢谓之圣人也，亦不敢谓之非圣人也……孔子虽非作者，是特未得位耳。得位则能作。[4]

孔子不制作是因为不在其"位"，并不是没有制作的能力。徂徕认为如果孔子身居帝王之位，也能有所制作。"教"原本是伴随"位"的，但"不幸"的是孔子没有得到"位"。也就是说：

1　[日]林凤冈著，德田武编：《凤冈林先生全集（四）》卷九十八《释菜告文·元禄二年己巳二月仲春》，勉诚出版2014年版，第83—84页。

2　有关荻生徂徕的圣人观问题，参考[日]小岛毅：《儒教の聖人像——制作者か人格者か》，《岩波講座·日本の思想八·聖なるものへ》卷八，岩波书店2014年版；韩冬育：《日本"圣人观"中孔子地位的两难》，《二十一世纪》，香港中文大学中国文化研究所，2003年10月；李宗鹏：《荻生徂徕的孔子观——从"圣人"到自画像》，《孔子研究》第3期，2013年。

3　[日]吉川幸次郎等校注：《弁道》，《日本思想大系·荻生徂徕》，岩波书店1973年版。

4　[日]荻生徂徕著，今中宽司、奈良本辰也编：《荻生徂徕全集》卷一《蘐园七笔》，河出书房新社1973年版，第548页。

第六章　近世学者的孔子观

夫圣人之教，必得其位而后大行于天下。若夫子，得其位则亦当如三代圣王也已……故夫子之为儒者，可谓圣人之不幸也。

这不仅是孔子的不幸，也被视为圣人的不幸。总之，徂徕既不能将孔子称为圣人，也不能否定他不是圣人。因此，就产生了一种"两难"的立场。[1]于是，徂徕对孔子的功绩作了如下叙述：

至于孔子，则生不遭时，不能当制作之任。而方其时，先王之道废坏已极，有非先王之道而命以为先王之道者，有先王之道而黜不以为先王之道者，是非乱，不可得而识也。孔子访求四方，厘而正指，然后道大集于孔子，而六经于是书。故《中庸》曰：苟不至德，至道不凝焉，是之谓也。且其一二所与门人言礼乐者，制作之心可得而窥矣。故当时高第弟子如宰我、子贡、有若，既称以为圣人者，不翅以其德，亦为制作之道存故也。假使无孔子，则先王之道亡久矣。[2]

也就是说，虽然孔子没有承担过"制作之任"，但在当时先王之"道"荒废混乱之际，正是孔子通过编纂经书使得"制作之道"得以正确存续。尽管孔子不是礼乐的制作者，但他具备了一颗"制作之心"。在徂徕看来，孔子之所以被称为圣人，不仅因为品德高尚，还因为他将"制作之道"传予后世的功绩。徂徕在此强调了孔子和礼乐的关系。

最终，关于孔子能否被称为"圣人"的问题，徂徕作出了下述描述：

---

1 参考韩东育：《日本"圣人观"中孔子地位的两难》，《二十一世纪》，香港中文大学中国文化研究所，2003年10月。

2 [日]吉川幸次郎等校注：《弁名》，《日本思想大系·荻生徂徕》，岩波书店1973年版。

夫孔子之德至矣。然使无宰我、子贡、有若、子思之言，则吾未敢谓之圣人也。以吾非圣人，而不能知圣人也。夫我以吾所见，定其为圣人，僭已。僭则吾岂敢？我姑以众人之言，定其为圣人，无特操者已。无特操则吾岂敢？……盖孔子之前，无孔子；孔子之后，无孔子。吾非圣人，何以能定其名乎？故且比诸古作者，以圣人命之耳。[1]

也就是说，如果没有宰我、子贡、有若、子思将孔子称为圣人的先例，徂徕自己将无法认定孔子是圣人。因为自己并不是圣人，仅凭一己之意就判定孔子为圣人的做法实际是一种僭越。然而完全无视自己的判断、盲从众人的意见也是不可取的。徂徕认为，虽然将先王称为圣人没有任何问题，但是在称孔子为圣人时需要进行一定的说明。尽管徂徕内心认为，孔子与自己所思考的圣人标准有少许出入，但因为先王之道后来确实归属于孔子，所以最终决定将孔子"且比"为圣人。这样的表现也恰好反映了徂徕内心的"两难"。

徂徕为何会抱有这样"两难"的孔子观呢？有学者指出这与徂徕的批判对象——伊藤仁斋（1627—1705）的学问有很大的关联。[2]例如，在对孔子的评价"贤于尧舜远矣"（《孟子·公孙丑》）一句的解释中，徂徕表现出一种对伊藤仁斋见解的对抗意识。伊藤仁斋在《语孟字义》中讲述了孔子贤于尧舜的理由，即孔子向有宗教、咒术性格倾向的民众阐释了道义，并教以人伦。[3]徂徕强烈反驳了这一解释，并责难道："三代圣人在。不亦妄谓乎。"（《论语征》）徂徕认为："然先王之

1　[日]吉川幸次郎等校注：《徂徕集》，《日本思想大系·荻生徂徕》，岩波书店1973年版。

2、3　[日]子安宣邦：《"事件"としての徂徕学》，筑摩书房·筑摩学艺文库2000年版。

第六章　近世学者的孔子观

教，礼焉耳。今不遵先王之礼，而欲以言语明其理，则君子尚不能，况民而户说之。使喻其理不惑于鬼神，是虽百孔子亦所不能也。"[1]也就是说，伊藤仁斋重视的是《论语》中"孔子之教"的"教"，而徂徕却将"先王之教"拿出来与之对立。徂徕强调，先王之教的内容唯"礼"而已，并非明"理"。伊藤仁斋认为孔子是"最上至极宇宙第一圣人"，《论语》是"最上至极宇宙第一书"（《童子问》），这也体现了仁斋古学的重要特征。徂徕的孔子观一定程度上产生于对"最上至极宇宙第一圣人"这一观点的批判。为了对抗伊藤仁斋，徂徕将"孔子"与"先王"、《论语》与"六经"置于相互对立的位置上。[2]

当然，尽管徂徕抬升了先王的地位，将孔子定位为祖述者，但这并不意味着徂徕故意想要贬低孔子的地位。从徂徕所讲的"吾道者孔子所道也"[3]中可以看出，他本人是十分尊崇孔子的。但是出于对仁斋学的反抗意识，徂徕更加强调了先王的教义以及先王的地位。不过值得注意的是，徂徕的这一理论被后世的日本皇学者所引用，用来否定儒学的地位。他们称，儒者自己也认为比起孔子更应尊崇先王，那么对日本人来讲，比起中国的先王，更应尊崇的是日本的皇祖神。也就是说，随着徂徕学这种儒学内部学问的发展，孔子的地位由绝对化逐渐向相对化的方向瓦解和转变。下一节将围绕近世后期的水户学派及幕末时期的皇学派展开考察，具体探讨他们所持有的孔子观。

1　［日］吉川幸次郎等校注：《弁名·天命帝鬼神》，《日本思想大系·荻生徂徕》，岩波书店1973年版。

2　［日］子安宣邦：《"事件"としての徂徕学》，筑摩书房·筑摩学艺文库2000年版。

3　［日］吉川幸次郎等校注：《東玄意の問に答ふ》，《日本思想大系·荻生徂徕》，岩波书店1973年版。

第四节

"神儒"与"文武"：水户学派、皇学派的孔子观

水户学派（本文指后期水户学派）在近世后期儒学中独具特色，并占有重要的地位。水户学派的孔子观亦具有独特性，他们认为孔子的伟大在于其"尊王攘夷"的一面，强调孔子与日本"武神"职能的相似性、孔子与天皇的相似性等。

《弘道馆记》及其相关的一系列言说集中展示了水户藩校弘道馆的教育方针，反映了后期水户学的精神。弘道馆的建学精神中最重要的内容是"神道一致，文武不歧"。"弘道"这一名称中的"道"并不单指孔子之道，还指日本自古以来的神之道。参与弘道馆建设的水户学者藤田东湖（1806—1855）批判了当时日本藩校中只祭祀孔子而不祭祀日本神一事，对"神"与"孔子"的关系作出了如下表述：

> 于神国惟祭孔子，同于舍神皇之道而从汉土也。神乃此道之本，孔子之教乃助此道而弘之者，故当先祭神以崇道之本，后敬孔子以示此道愈盛之由也。[1]

也就是说，神是"道之本"，孔子之教只是辅助神道之物。祭神是为了尊崇"道之本"，敬孔子是因为孔子为"道"的兴盛作出了贡献。

1　[日]藤田东湖：《常陆带》，[日]福田耕二郎校注：《神道大系論説編·水户学》，神道大系编纂会1986年版，第391页。

藤田东湖还讲道："此道之源起于天族皇孙，历代代御帝而愈明。"[1]他认为"道"是由"天祖""皇孙"及后世代代天皇传承与发扬光大的。孔子在这一过程中只是一个"道"的助力者。正如《弘道馆记》记载："若西土唐虞三代之治教，资以赞皇猷。"[2]也就是说，"唐虞三代之治教"的意义在于协助天皇治国。在对孔子的评价中，水户学派强调了下面一点：

> 及周之衰，政纲不振，彝伦日斁，弑逆篡夺，无国无之。孔子实以契之苗裔，生于东鲁，信而好古，祖述尧舜，宪章文武，发愤忘食，见周公于梦寐。其志盖欲一变鲁道，夹辅周室，以明大义于天下。[3]

在政纲混乱、弑逆篡夺横行的"周之衰"之时，孔子欲使鲁国政道焕然一新，意在帮助周王室，向天下展示"大义"。这种志向尤其受到水户学派的称赞。在孔子的教义中，藤田东湖提到："迩之修身齐家，远之治国平天下，自明伦正名之教以至于尊王攘夷之训，苟可以推弘道义者，莫不服膺而遵奉焉。"[4]可见他从孔子的教义中读取了"尊王攘夷之训"，这应该说是水户学派孔子观的重要特色。

此外，水户学派还强调，孔子不仅是文德出众的人物，他还兼备"武德"。水户学者会泽正志斋对孔子有如下的评价：

1　[日]福田耕二郎校注：《弘道館を建て給ふ事》，《神道大系論説編・水戸学》，神道大系編纂会1986年版，第391页。

2　[日]今井宇三郎等校注：《弘道館記》，《日本思想大系・水戸学》，岩波书店1973年版。

3、4　[日]今井宇三郎等校注：《弘道館記述義》，《日本思想大系・水戸学》，岩波书店1973年版。

孔子虽为文德之圣人，亦论足兵之事。夹谷之会挫齐侯之强暴于席上，堕三都，讨陈恒。以类之事见时，备武德。人之知所，论犹不及。[1]

此处列举了孔子在夹谷之会、堕三都及讨伐陈恒的过程中所立的武功，以此来强调"文武兼备"的重要性，阐明"文武不歧"之义。更具深意的是，在解释孔子的威信时，水户学派给出了以下理由：

今也距迁（司马迁——笔者注）之世殆二千年，而孔子之裔，历世相承，不绝其祀。盖宇宙间一姓绵绵，亘千万世而自若者，上之有天日嗣，内之有明神之后，外之独有孔氏之裔。不亦伟乎！[2]

"一姓绵绵""万世一系"理论经常用来说明"上有天日嗣"的皇统存在的原理。皇统因其纯粹性和连续性而被认为具有正当性。"内之"指的是藩主一家，作为"明神之后"而连绵不绝。[3]与之相对，"外之独有孔氏之裔"——孔子的后裔与皇统、藩主的继承相类似，绵延传承了2000多年的时间，这一点才是值得尊崇的地方。像水户学派这般论述"皇统"与孔子后裔相似性的理论在其他学派并不多见。这里一方面赞扬了孔子的伟大性，一方面也表现了"内""外"的区别意识。换言之，在水户学派中亦存在将孔子视为异国人的意识。

---

1 ［日］会泽正志斋：《退食間話》，［日］今井宇三郎等校注：《日本思想大系·水户学》，岩波书店1973年版，第254页。

2 ［日］今井宇三郎等校注：《弘道館記述義》，《日本思想大系·水戸学》，岩波书店1973年版。

3 水户藩藩主夫人多出自摄关家族，藩主家被视为藤原氏（五摄家）祖先天儿屋命（春日明神）的后裔，故有此说。参照［日］今井宇三郎等校注：《日本思想大系·水戸学》，岩波书店1973年版，第318页。

实际上，弘道馆祭祀孔子时，没有使用"文宣王"的称号，而是直接称为"孔子"。藩主德川齐昭认为："孔子为外国小邦之臣，故神圣神州之所可谓其孔丘。"[1]他认为称孔子为"孔丘"亦不为过。不称"文宣王"而直呼"孔丘"，是为了彰显与其所谓"外国小邦"相对的日本"神州"的"国体"优越性。在德川齐昭看来，日本人要从"西土之书""孔子之道"学习的是敬仰神皇和尊崇天祖的精神。也就是说：

> 我公恒有言曰：读西土之书者，宜以其所以尊尧舜，尊我神皇。以其所以事上帝，事我天祖。[2]

类似的内容还见于德川齐昭的《告志篇》：

> 神国学孔子之道之人，如孔子之尊尧舜，奉仰天祖天孙，此合孔子之道也。汉土之道，神国之人学之时，即为尊神国之道，汉土之道不可退之也。[3]

他认为日本人应该像孔子"尊尧舜"一样"尊神皇"，孔子之教是用来保证神皇信仰的。他在孔子和尧舜之间构建了一种类似君臣关系的上下关系。值得注意的是，水户学派试图实现的仍是"神皇之道"与"孔子之教"的两立，两者并不是相互排斥的。但是进入幕末时期后，出现了强调"神皇之道"而否定"孔子之教"的皇学者。长谷川昭道就

---

1 出自天保八年（1837）德川齐昭给佐藤一斋的书信《齐昭一斋老儒宛书状》（茨城大学图书馆藏）。参见［日］须藤敏夫：《近世日本释奠の研究》，思文阁2001年版，第254页。

2 ［日］今井宇三郎等校注：《弘道馆记述义》，《日本思想大系·水户学》，岩波书店1973年版，第332页。

3 ［日］德川齐昭：《告志篇》，［日］今井宇三郎等校注：《日本思想大系·水户学》，岩波书店1973年版，第213页。

是主张这种皇道哲学的思想家，前文也有所提及。他的思想深受水户学的影响，曾对《新论》《弘道馆述义》等水户学的代表作进行了誊写，或撰写题跋。不仅如此，他进一步发展了水户学的思想，创造了一种独特的皇国论。他撰写了题为《学校祀神说》的文章，认为学校不应祭祀孔子，而应祭祀文武兼备的八幡大神。

长谷川直呼孔子为"孔丘"，他讲道："唐封王者阿也。后世漫增加其谥号者侫也。"[1]可见他否定孔子的"王号"。对于孔子和尧、舜的地位，他讲道："然以其德贤于二帝，天下必以子称者，儒者之私言过矣。"[2]可见他否认孔子贤于尧、舜的说法，批判了直呼"尧、舜"之名而唯独尊称孔子为"子"的做法。长谷川认为尧、舜是制作者，孔子是祖述者，称："其作者师，述者师。作者有功，述者有功。其作者劳，述者逸。作者难，述者易。"[3]可见，他认为制作比祖述要难，功绩要大。这样的论法与荻生徂徕有相似之处，但其区别在于：长谷川昭道的目的不在于抬高尧、舜的地位，而是为了压低孔子的地位，使其相对化。[4]长谷川认为，相比孔子更应该尊崇尧、舜，也就是说，"则学校以祀尧、舜、禹、汤、文、武，而周公、孔配之，为正当矣"[5]，主张中国的学校应以先王为中心祭祀，将周公和孔子作为先王之"配"，降为次要地位。乍看来，长谷川似乎认同了先王祭祀的正当性，但值得注意的是，这始终是以中国的情况为前提的；在日本，情况就完全不同了。

1、5　[日]长谷川昭道著，信浓教育会编纂：《長谷川昭道全集》下卷《学校祀神説》，信浓每日新闻社1935年版，第12页。

2　[日]长谷川昭道著，信浓教育会编纂：《長谷川昭道全集》下卷《深憂狂語》，信浓每日新闻社1935年版，第252页。

3　[日]长谷川昭道著，信浓教育会编纂：《長谷川昭道全集》下卷《深憂狂語》，信浓每日新闻社1935年版，第253—254页。

4　参考[日]冲田行司：《日本近代教育の思想史研究——国際化の思想系譜》，日本图书中心1992年版，第57页。

长谷川这样讲道：

> 虽然天朝何可祀尧、舜、禹、汤、文、武也。何者，无使我国
> 之臣民礼敬钦慕异邦之君长之理。况于尧舜之禅让，汤武之放伐，
> 反天地之正道……独祀孔丘之非而有害。汉土尚然，况于我士大夫
> ……恭拜敬慕异邦人，则大损国体……舍我神，而祀他神，谓之悖
> 德悖礼。其反道也大也……是以其心移于汉土，而遂失我皇国
> 心。[1]

长谷川认为，在日本，尊崇尧、舜等"异邦"统治者是不合情理
的。况且尧、舜的禅让，汤武放伐都是"违反天地正道之事"，日本的
皇统继承才是最为合理的。无论如何，在日本学校祭祀"异邦人"和
"他神"是损害"国体"、丧失"我皇国心"的行为。于是，长谷川提出
了日本学校应该祭祀的"我神"，他讲道：

> 我八幡大神，固称武神，文学亦肇于大神。是则万世之君师，
> 而文武之明神也。学校必当祀大神以为主神，是为正当……然而古
> 昔之名贤，如大职冠藤公、和气清麻吕、楠父子，举忠孝仁义显然
> 于世者，配祀之，以为臣子之标准，日夜敬慕之。[2]

也就是说，他主张将"文武之明神"的八幡大神作为学校应该祭祀
的对象，将"大职冠藤公、和气清麻吕、楠父子"等日本历史上的忠臣

---

1 ［日］长谷川昭道著，信浓教育会编纂：《長谷川昭道全集》下卷《学校祀神说》，信
  浓每日新闻社1935年版，第12—13页。
2 ［日］长谷川昭道著，信浓教育会编纂：《長谷川昭道全集》下卷《学校祀神说》，信
  浓每日新闻社1935年版，第13—14页。

作为"臣子之标准"，使其成为大神的"配祀"。实际上，与长谷川相似的观点在幕末维新时期十分普遍，很多藩校停止了对孔子的祭祀，改祭大已贵命、素戈鸣尊、八意思兼神等。对孔子的尊崇逐渐被否定，日本之神受到追捧。

如此，皇学派将孔子作为"异国人"进行了排斥。除了皇学派以外，以本居宣长、平田笃胤为代表的国学派对孔子亦有独特的看法。国学派尽管否定儒教，但对孔子这一人物却进行了较为积极的评价。下一节将具体探讨国学派的孔子观。

第五节
"孔子乃贤人"：国学派的孔子观

近世国学派的特征是批判汉学、"汉意"，主张"大和心"，认为汉土思想存在内部伪善性和形式主义，表明了对汉学的反抗意识。尽管他们严格批判儒者和儒教，但是对于孔子这一人物却给予了肯定。

首先来看一下本居宣长（1730—1801）的孔子观。本居宣长受其师堀景山的影响，十分喜爱阅读《论语》。他将孔子当作普通人进行评价，并表明了对孔子的肯定。他在《葛花》一书中这样写道：

> 圣人胜于常人之处，仅在于智巧，实皆名不副实。其中大抵无可争议之人为孔丘也。此人生于周之世，故一心尊崇周室，叹诸侯之僭乱，其心诚殊胜之事也。[1]

1　［日］本居宣长著，大野晋、大九保正编集：《本居宣长全集》卷八，筑摩书房1972年版，第133页。

在此，本居宣长认为圣人的特征是"仅在于智巧"，给予了很低的评价。圣人中有许多人徒有虚名的情况下，只有"孔丘"是最无争议的人物。"孔丘"的杰出之处在于其一心尊崇周王室，力图拨正诸侯动乱。本居宣长还在和歌中这样咏诵孔子：

> 世人虽言圣人，圣人之类何在？孔子乃贤人。[1]
> 圣人何欺世人，圣人之类何在？孔子乃贤人。[2]

从上文中的"孔子乃贤人"可以看出，本居宣长对孔子并没有采取排斥的态度。他批判的是中国尊崇孔子时的形式主义。[3]例如，他在代表作《玉胜间》卷三中关于"唐土忌讳孔丘之名"有如下叙述：

> 唐之国，在今清代，其王避孔子之讳，始省丘字之画。言自秦汉至明不知尊夫子之事。妄自尊大，何其愚也。若诚尊孔丘，应善行其道。其道不兴，仅尊其人，何益之有？……是假尊其道，以图世人畏之耳。[4]

本居宣长在此处批判的是，尽管清朝人尊崇孔子"其人"，但他们却并不知晓"其道"，亦不知行"道"。他认为这就是"唐之国"的伪善性所在。[5]由此可以看出，本居宣长批判的焦点并不是孔子，而是孔子

---

1 ［日］本居宣长著，大野晋、大九保正编集：《本居宣長全集》卷十五，筑摩书房1969年版，第162页。

2 ［日］本居宣长著，大野晋、大九保正编集：《本居宣長全集》卷十五，筑摩书房1969年版，第427页。

3、5 ［日］松浦光修：《国学派の孔子観——宣長・篤胤を中心として》，《神道史研究》第52号，2004年。

4 ［日］本居宣长著，大野晋、大九保正编集：《本居宣長全集》卷一，筑摩书房1968年版，第95—96页。

之后的儒学者们。

　　另一名国学派学者平田笃胤（1776—1843）继承了本居宣长的孔子观，同时进一步展开了独特的思考。平田笃胤批判汉土思想，但对孔子本身给予了积极的肯定。他称孔子与本居宣长是"心行具似之人"，对孔子进行了如下称赞：

　　　　见其言行，无缺失之行，与我师翁，为心行具似之人……己生诸越之国，众人猥行，无定君，尤叹道之大本不立之事。如御国者，有心定君之统，以为道之本。其时虽衰，尊周之王统，尊内而贬卑其外，开口则讲真道心……见其生涯之真心，实感人落泪也。其心卓著如此，然于猥然之国，无有用孔子之心者，唯假称用之，唯作称颂孔子之状而已。[1]

　　平田笃胤认为，孔子以"定君之统"为"道之本"，尊崇"周之王统"，孔子的"生涯之真心"令人感动得落泪。但是后世没有人真正发挥"孔子之心"，都是假借其名的人。平田笃胤认为孔子的子孙代代都被封为衍圣公，这也是"孔子之诚心"所带来的，即"封为远圣侯，全赖孔子之诚心，与天津神之御心相符。唐土无有古于孔子之家者"[2]。也就是说，孔子之心是与"天津神"之心相一致的，这是孔子最值得赞许的一点。而此"心"指的就是安定"王统"之心。[3]

――――――――――

1　[日]平田笃胤著，平田笃胤全集刊行会编：《新修平田笃胤全集》卷十《西籍概論》，名著出版1977年版，第62—63页。

2　[日]平田笃胤著，平田笃胤全集刊行会编：《新修平田笃胤全集》卷十《西籍概論》，名著出版1977年版，第63页。

3　平田笃胤批判道："汉国无贵贱差别，亦无定君，只其时时，强者为君，……全无上下之别……唐之国世世相杀相夺，未定王统，只其时时强者、慧者轮替成王，甚以乱也。"

尽管平田笃胤认为孔子之心与"天津神"之心相通，但他没有将孔子视为神。他讲道："若观孔子之言行，其心其行，与寻常之人无异，仅可谓正而贤之人。"[1]也就是说，孔子始终是"贤人"而已。平田笃胤在《新鬼神论》中经常引用孔子的言论来证明鬼神的存在，但当平田笃胤的观点与孔子的言论出现分歧时，他就认为后世之人误解了孔子的真意，或者孔子本身就是错的。也就是说，平田笃胤引用孔子的言论不过是为了给自己的结论寻找依据。[2]他并不像儒学者那样把孔子尊为神或万能的圣人，反而将孔子视为"有不知之事"和"有所误解"的人。

　　此外，平田笃胤还认真考虑了能否将孔子这一"贤人"称为"圣人"的问题。他在天保五年（1834）所著的《孔子圣说考》[3]中否定了儒教中对于"圣人"的一般定义，认为真正的圣人应指"迩迩艺命"这样的日本神，或是以其手法统治世界的人[4]。他认为"古说"中的圣人是"兼备道德，通于神明，恬憺无为，知鬼神情状之人之称也"。这样的人除了三皇五帝之外，唯有老子，也就是说："除在位之人，可谓古说之圣者，夏殷周三代间，唯老子而已。"[5]关于孔子，他讲道：

　　　　在儒道，孔子当时，执古义，垂引于上，如哀公问之说，不轻易许圣贤。其祖述之尧舜，尤言圣乎，固然不以圣自居……然其

1　[日]平田笃胤著，平田笃胤全集刊行会编：《新修平田笃胤全集》卷十《西籍概論》，名著出版1977年版，第61页。

2　[日]松浦光修：《国学派の孔子観——宣長・篤胤を中心として》，《神道史研究》第52号，2004年。

3　此书在平田笃胤生前未定稿，平田笃胤死后由平田铁胤及门人加工完成。

4　参考[日]若松信尔：《平田篤胤の儒教批判と聖人論》，《九州女子大学紀要・人文社会科学編》第40号，2004年。

5　[日]平田笃胤著，平田笃胤全集刊行会编：《新修平田篤胤全集》卷十《孔子聖説考》，名著出版1977年版，第244页。

世，称孔子为圣之语，见于诸书，是不知圣之本义之庸人，惊其多能而称之然。或如孟轲、荀卿等，阿其所好之末流门徒，推称为圣，应知不合右之古说。[1]

也就是说，孔子依据古义，不称自己为圣人，而后世的孟轲、荀卿等人因不知圣的本义而称孔子为圣人。平田笃胤认为这种做法"大卑圣人之品"[2]，混淆了"圣人"的概念。总之，平田笃胤认为，孔子虽然在儒教体系中被称为圣人，但他不是"古说"中的圣人，不是真的圣人。

本章整理分析了近世学派的孔子观。近世初期，林家学派将孔子尊为万能之"神"，将孔子置于前所未有的崇高地位之上。他们主张孔子诞生神话是事实，力图将孔子打造成统治者的尊崇对象，实现其绝对化和权威化。与林家儒者不同，暗斋学派重视的是更人性化的孔子，而不是神性的孔子。他们特别注意区分孔子作为道德人格者（师）的地位与统治者（王）的地位，尤其反对将孔子称为"文宣王"或以天子规格的古礼祭祀孔子的行为，主张应该自始至终将孔子作为"师"来尊崇。与此不同，徂徕学派比较了无位之圣人和古代先王，将后者作为礼乐的制作者进行了高度的评价，反对伊藤仁斋将孔子作为"最上至极宇宙第一圣人"的观点。像这样，随着孔子地位向相对化的方向演变，对人性化

1 [日]平田笃胤著，平田笃胤全集刊行会编：《新修平田笃胤全集》卷十《孔子聖説考》，名著出版1977年版，第240—241页。

2 [日]平田笃胤著，平田笃胤全集刊行会编：《新修平田笃胤全集》卷十《孔子聖説考》，名著出版1977年版，第241页。

孔子的认识逐渐得到了深化。

近世后期，在水户学派的强烈影响下，出现了认为孔子之教是"神皇之道"协助者的意识。水户学派在提倡神儒一致的同时，实际上提高了日本神（皇祖神、武神）的地位。他们认为，孔子值得被称赞的地方是他尊崇周王室、明"大义"于天下的品格，以及孔子后裔"一姓绵绵"这一重要的事实。受水户学派影响，近世后期的皇学派强烈意识到"国体"，否定儒教的同时否定孔子，认为孔子是"异国人"，强调在日本不应当尊崇孔子。

此外，国学派对儒教及孔子以外的儒学者采取了强烈批判的态度，不过对孔子本身的评价却相当宽容。他们认为，孔子因为生于中国而具有了种种局限，但总体上可以评价为"贤人"。然而后世的中国人都没能继承孔子之心。孔子本人的言语中也存在错误，有必要进行选择取舍。此外，国学派对于将孔子称为"圣人"的做法存有疑义，对"圣人"进行了再定义。

总体来看，在近世日本，孔子这一形象从神秘的存在逐渐转变为人性化的存在，对孔子的盲信逐渐转变为疑问和批判的声音。孔子的神秘性和绝对性逐渐被转而赋予日本神，尤其是皇祖神。孔子地位的相对化源自近世日本人的不断思考，如孔子的"王"号、孔子与先王的关系、"圣人"的真正定义等问题。总之，在近世日本，对孔子的认识逐渐超越了儒教的框架，呈现出一定程度的自由性与开放性。

第七章
井上靖《孔子》与《论语》

　　井上靖（1907—1991）是在中日两国都享有盛誉的著名作家，被日本媒体评为"文坛顶峰的大师"，同时他为中日文化交流作出了巨大贡献，具有重要的影响。井上靖一生创作了大量以中国为题材的作品，他的作品真挚且富有想象力，作品中洋溢着他对中国历史、中国文化的热爱与敬仰，在中国拥有众多的读者。在他为数众多的中国题材的作品中，《孔子》是井上靖离世之前最后完成的长篇小说，在其作品中占有重要的地位。这部作品通过弟子蔫姜跟随孔子周游列国时所见所闻的孔子与弟子们的言行，生动形象地塑造了栩栩如生的孔子及其弟子们的形象，也将经历过生命重创的井上靖的人生思索，以及作为弟子，永远追随师者孔子、敬仰孔子的深情，表现得淋漓尽致。

　　创作《孔子》，离不开记录孔子言行的《论语》，井上靖深深折服于《论语》的魅力。关于这一点，他曾经写道："我晚至七十开始读《论语》，为之倾倒……，立刻被孔子的言语所吸引，耽读入迷，这十年来，爱不释手，自由驰骋于《论语》的天地之间，不仅毫无倦意，而且渐入佳境。"[1]他还写道："我深感《论语》中孔子对人生的见解力，神奇魅力的现代式语言中蕴藏着全部的理解和感受，深深地打动着这些即将对

1　[日]井上靖：《致中国在读者》，《人民日报》1990年3月2日。

人生进行总清算的老人们的心。"[1]在这种感动中，井上靖写出了长达20万字的长篇巨著《孔子》，他认为，"孔子的思想到现在也不过时"[2]，应该让更多的人了解《论语》的思想内涵。在创作《孔子》时，井上靖对《史记·孔子世家》《左传》均有参考，但主要参考的还是《论语》。本文拟对井上靖的《孔子》与《论语》的关系进行考察。

在日本，关于井上靖有大量研究成果。其中，坂入公一著的《井上靖笔记》（风书房1978年版）对其初期到中期（截至1977年）的创作进行了书志学研究。而福田宏年则以《井上靖的世界》（讲谈社1972年版）一书为开端，持续探究井上靖的整个文学生涯及轨迹，并在井上靖离世后汇集编写了《增补井上靖评传备忘》（集英社1991年版）。长谷川泉编纂的《井上靖研究》（南窗社1974年版），就井上靖文学样式、作品、背景等方面，收集了包括编辑者在内的30名研究者的论文，是一本集大成之作。另外，在井上靖去世前后，井上靖的妻子井上芙美出版了《风吹路过》（潮出版社1990年版）和《我的夜间飞行》（潮出版社1990年版），井上靖之子井上卓也出版了《再见，我的好父亲》（文艺春秋1991年版）。通过其家属的笔端，我们了解了更真实的井上靖。另外，关于井上靖的研究论文更是不胜枚举，但是，对井上靖的《孔子》的相关研究却比较少。德田进的《日中比较文学上的〈孔子〉》（YUMANI书房1991年版）从比较文学的角度，论述了《孔子》一书中摄取《论语》内容的特色。但与井上靖的其他作品相比，有关《孔子》的研究还有很大空间。

如前所述，井上靖创作了众多中国历史题材的小说，多达15部，超过了其创作的日本题材的历史小说（14部），且其作品广为流传，因而井上靖在我国享有声誉，对他的研究也有不少。《20世纪日本文学

---

1 [日]井上靖：《致中国在读者》，《人民日报》1990年3月2日。

2 [日]井上靖：《井上靖全集别卷》，新潮社1999年版，第273页。

史》(叶渭渠、唐月梅，青岛出版社1998年版)一书将井上靖列为20世纪后半期日本的三位代表作家之一，对其作了大篇幅的介绍，指出了井上历史小说尤其是中国题材历史小说的特点。《井上靖文集》(郑民钦，安徽文艺出版社1998年版)，对井上文学进行了总括性的介绍，论述了其文学与诗歌的关系，并对其历史小说的创作手法及特点进行了分析，指出了井上文学的通俗性、大众性这一大特征，可以说是捕捉到了井上文学的全貌。另外，研究井上靖中国历史题材的研究论文数量众多，与《孔子》相关的研究成果近年来也不断增加[1]，我觉得这一领域还有很大的研究空间。

在中国历史上，孔子可谓"命运多舛"。汉武帝时期，孔子被神化，被尊称为"圣人"和"万世师表"，在之后的2000多年里，朝廷统治的不同需要，也使孔子学说几经动摇。尤其是近代，在"新文化运动"以及20世纪六七十年代的"批林批孔"运动中，孔子思想遭受到强烈的批判。而改革开放以后，孔子思想被重新确立为我们的文化之根。今天，当中国传统文化成为我们民族的文化自信之根，孔子及其所倡导的"和而不同"的理念越来越受到全球瞩目，我们更应该思考孔子及《论语》的世界价值。

日本作家井上靖创作的绝笔之作《孔子》，是井上对《论语》的重新解读，"是井上文学的核心、总决算"[2]，在井上靖的作品中占有非常重要的地位。通过《孔子》一书，我们可以了解他对《论语》的独特理解、他心目中的孔子形象，更可以了解井上希望获得的孔子以及《论语》于他、于世界的价值及意义。

1　通过中国知网查询，有关井上靖中国历史题材小说研究有博士论文一篇，硕士论文近年来不断增加，有关井上靖与《孔子》的研究论文也已经有20多篇。可见国内对他的关注度越来越高。
2　[日]长谷川泉：《井上靖文学の魅力》，《国文学解释と鑑賞》1987年12月。

第一节
井上靖的历史小说《孔子》

井上靖出生于北海道，其父亲是军医，时常转战到日本各地，因此幼年时代的井上靖由祖母养大。自1950年其作品《斗牛》获得芥川奖以后，其数量众多的作品涉及了现代小说、历史小说、时代小说、诗歌、纪行文、随笔、美术评论等多个领域。井上靖尤其喜爱中国，前后25次到访中国，常年担任中日文化交流协会会长，为促进中日两国的友好交流倾注了心血。

作为作家，井上靖终身追求中国古代的题材，自《漆胡樽》（1950年）开始，先后发表了《异域人》（1953年）、《僧行贺之泪》（1954年）、《天平之甍》（1957年）、《楼兰》（1958年）、《敦煌》（1959年）、《苍狼》（1959年）、《狼灾记》（1961年）、《明妃曲》（1963年）、《杨贵妃传》（1963年）、《褒姒之笑》（1964年）等大量作品。其中《天平之甍》获得文部大臣奖，《楼兰》和《敦煌》共同获得每日艺术大奖，《苍狼》和《风涛》分别获得《文艺春秋》读者奖和读卖文学奖。因此，井上也被日本学界称为获奖作家。井上通过他创作的历史小说及小说中的人物形象来诠释中国文化，也体现着他对中国文化的热爱及向往。

《孔子》是井上靖去世之前写就的最后一部长篇小说。井上靖很早之前就对孔子和《论语》感兴趣，60岁之后开始研究《论语》。他曾说："《论语》和其他哲学书不一样，虽说没有什么难懂的东西，但是好了不起呀。无论何时翻到任何一页都有深入骨髓之感。"[1]之后，他在

1　[日]大江健三郎:《井上靖の〈孔子〉について」》，《新潮》1998年11月。

会议和旅行之际也常常谈起《论语》。小说的写作历经10年精心准备，在此期间，井上靖除了研读《论语》之外，司马迁的《史记》所收录《孔子世家》和《仲尼弟子列传》，《左传》和《孟子》等都成为他认真研究的对象。他还博览了所有相关的注释书及研究书籍。在动笔之前，他曾6次来中国进行实地探访。1983年起，他在杂志《昂》上连续发表了有关孔子的诗歌，像《孔子》《天命》《永别》《黄河》《暴风骤雨》等，阐述其对于孔子的天命等理论的理解。这些诗歌作品中的孔子形象都成为之后其长篇小说《孔子》中的基色。

井上靖创作《孔子》的过程也是他与癌症抗争的过程，第一部分书稿完成时，他被确诊患食道癌，很快做了食道切除手术。"在那一刻，我已无能为力，只能听命天命的安排。"[1]病情稍微好转，他便全身心投入了《孔子》的创作。1987年6月至1989年5月，他创作的作品在杂志《新潮》上连载。在孔子诞辰2540年之际的1989年9月，《孔子》一书正式出版。一年之后，井上靖不幸离世。诚如评论家所言："小说《孔子》不但是井上靖文学生涯的巅峰之作，更是其在清醒意识到生命大限即将来临之际，倾全部心力谱写出的超越生命极限之作。从这个意义上说，《孔子》可以看作井上靖以小说形式留下的辞世遗书。"[2]

《孔子》自出版以来，畅销不衰，获得了"第四十二回野间文艺奖"，引起巨大轰动。不仅如此，《孔子》在日本之外的国家也备受瞩目，目前拥有多种语言的译本，产生了积极的文化影响。《孔子》出版不久就被中国引进翻译，至今已有数十种译本。

《孔子》以孔子的弟子蔫姜为主人公，内容分为三大部分。第一部分是蔫姜回想自己跟随孔子周游列国，尤其是由宋至陈以及赴楚地负函

1　[日]井上靖：《自分との出会い》，《朝日新聞》1989年12月25日。

2　卢茂君：《井上靖长篇历史小说〈孔子〉创作述略》，《汉语言文学研究》第1期，2011年。

之旅中，经历的点点滴滴，以及在此过程中所受到的心灵震撼，所受到的孔子教诲，刻画他所认识的孔子及其弟子中的颜回、子路、子贡等。第二部分是在孔子去世的30年后，蔫姜作为孔门存世弟子与孔学研究会的学子们探讨孔子思想中的天命等理论，以及回答他们的各种提问。最后一部分是蔫姜再一次重走几十年前跟随孔门走过的路程，发现了孔子赴楚地的目的不是为自己的出世，而是让其三个弟子仕于楚，实现治理国家、维护和平的伟大事业。小说的结局是蔫姜最终回归自己隐居的山村，看见故乡一盏接一盏的灯亮起来，便是弥足珍贵的幸福。而这些，也正是"夫子一再重复过，生而为人，哪怕世道再乱，仍保有最低的福泽""哪怕世道再乱，也不能夺取一个人的故里。否则就该偿付之，这才是经国治世之道"。[1]

与孔子共同经历了周游列国却总志不得酬的苦难时期，孔子的坚韧、向上，使每一个接近他的人都获得了生命的力量。孔子对于"天命""命"的坦然面对，知天命而又为之奋斗不已的斗志，都让处于人生最苦难时期的井上靖获得了最大的生的力量。这也是《孔子》这部小说中作者最多着力于"天命""命"这一主题的原因所在。

因此，《孔子》这部小说既是井上靖向读者阐释的他眼中的孔子形象，也是年逾八旬的老人对自己生命之源——《论语》的礼赞，更是对世界和平的祈愿。"夫子始终以乐天、明慧的眼光观世人的未来，吾有生之年未能亲睹光明的人世，亲睹国与国之间和谐相处的太平盛世，但总相信于我百年之后，这种太平盛世迟早必将来临。这该是夫子内心的根本心愿，亦是敬陪孔门弟子于末席的鄙人的愿望。"[2]

1　[日]井上靖：《孔子》，新潮文库1997年版，第412页。

2　[日]井上靖：《孔子》，新潮文库1997年版，第416页。

第二节

《孔子》与《论语》

《论语》作为孔子与其弟子的语录，自成书以来，经历了2000多年的历史，这2000多年也是《论语》被反复阅读的2000多年。正如子安宣邦所言，《论语》堪称东亚最伟大的经典，也是最重要的经典。在相当长的时间和相当广的范围内，在东亚世界不断被重读的经典，非《论语》莫属。[1]同时，《论语》还被认为是东方文化的代表。日本著名教育家、哲学家下村湖人曾经说道：欲知"东洋"，首先须知"儒教"；欲知"儒教"，须知"孔子"；欲知"孔子"，则不可不知《论语》。[2]因此，《论语》成为世界必读经典之一。

曾获得过菊池宽奖的著名学者山本七平，曾专门就《论语》的阅读，写过一部《〈论语〉的阅读方法》，书中这样写道："《论语》在中国漫长的历史中不断地被阅读，另外，在所谓中国文化圈中亦持续被阅读，日本也是其中之一。其流传历史之长久与其影响力之广，堪称超越柏拉图《对话录》在西欧的影响。此种古典所具有的思想影响力，与其说是完全终结于其经典之中，毋宁说是可以活化每个人的知性。也就是说，《论语》具有一种力量，那就是可以通过'温故知新'，人的想法可以不断更新。正因如此，古典之生命方能持续至今，同时，适应各时代的各种解释亦应运而生，此乃不争之事实。"[3]

1　［日］子安宣邦著，吴燕译：《孔子的学问——日本人如何读〈论语〉》，三联书店2017年版，第26页。

2　［日］下村湖人：《現代訳〈論語〉》，国土社1975年版，第221页。

3　［日］山本七平：《〈論語〉の読み方》，《文芸春秋》，1997年，第64页。

日本是除中国之外《论语》研究、《论语》解读最多的国家。近代以后，日本出现了百种以上的《论语》解读、《论语》注释、《论语》物语等各种有关《论语》的书籍。那日本人如何解读或者阐释《论语》的呢？井上靖的《孔子》又是怎样的《论语》解读？

任何阅读或者说阐释都离不开前人的解读，古代日本阅读《论语》这样的经典，一直是依赖注释书。最早的《论语》注释书集大成者是三国时期何晏（？—249）的《论语集解》。从《论语》5世界传入日本后直至镰仓幕府时期，贵族和寺院僧侣阅读《论语》的方式只能是依靠何晏的注释书，一般将之称为"古注"。至南宋时期，朱熹的《论语集注》成为通行东亚各国的基本注释书，他的注释被称为"新注"。日本江户时期，人们解读《论语》，依据的皆是"新注"。[1]

近代以来，日本有关孔子研究的主要著作在上一章已经有所涉及。无论第二次世界大战之前还是之后，日本的学者、文学家都在用自己的方式阐释孔子，力图了解、刻画自己所理解的孔子。井上靖也是其中一员。井上靖曾言，书写《孔子》的过程，也是他自己学习《论语》的过程，《孔子》从某种意义上说是井上靖的《论语》解读。

如前所述，井上靖在创作《孔子》时虽然也参考了《史记》《左传》等，但主要还是基于《论语》。据德田进统计，《孔子》中引自《论语》的句子多达106处。井上靖把《论语》作为研究孔子思想的素材。关于撰写《孔子》的理由，井上靖在《作家的透视图》中有如下论述：

---

1 虽然在日本江户时期，随着儒学成为官学，日本的《论语》阅读与注释成为风尚，但曾经出现过批判朱子学的学者，比较有代表性的是古学派的伊藤仁斋及其弟子，伊藤自己重读《论语》，并著有《论语古意》；另一派是古文辞学派的创始人荻生徂徕及其弟子，荻生不仅反对朱子，也反对伊藤的古学派，他自己重读《论语》并作《论语征》。

我从60年代开始有机会拜读了几次《论语》，甚是有趣。越是接近人生决算之日的人，读起《论语》来更觉有趣。我认为《论语》所言全部有道理，每一个都能理解。人生究竟是什么，《论语》中到处充满了能触及其本质的话语。[1]

可以说井上靖先从《论语》理解孔子，又以《论语》为蓝本描写了孔子。他是如何运用这些语句来描绘孔子形象的呢?

众所周知，《论语》中的语录，句句珠玑，满含深刻哲理。但是，孔子究竟是在何种场合、以何种心境与弟子们说的这些话，却没有具体的描述。而这些所谓具体性描述正是小说所不可或缺的，这也是井上靖以《论语》为蓝本创作小说时要面对的最大问题。井上靖在反复研究历史资料的基础上，巧妙地设定了蔫姜这个人物。作为孔子随行中的一员，在与孔子同行之旅中，他得闻《论语》中的一句句经典是何时何地、何种语境中由孔子及其弟子言说，使得孤立的《论语》语句融入孔子的血肉、灵魂之中，而正是由于这些具体的情节与场景让身临其境的读者受到心灵的震撼。小说的几个典型情节成为小说的主线。

在即将进入蔡国前的陈国边境上，一个狂风暴雨之夜，夫子携其弟子整齐地端坐，这一异样的情景，给蔫姜以强烈的震撼。"就在这个风雨交加的夜晚，鄙人平生第一次明白过来，世上竟有自己想不到的一种人。人不知其何所思，何所为，只知面对天摇地动的雷电暴雨，既不思躲避，也不图保身，自管端坐在那里，坦然迎接暴风骤雨。在这次旅途中，我为这些来路不明之人所感动，应是此刻。"[2]

这一夜的经历是他留在他们身边的重要理由。接下来的旅途中，让

---

1 [日]铃木健次:《作家の透视图》,《铃木健次インタビュー集》,メディアパル1991年版, 第213页。

2 [日]井上靖:《孔子》, 新潮文库1997年版, 第39页。

蔫姜震撼的场景一个接一个。在陈国边境的一个小村落，师徒一行饥乏交迫无法动弹之际，子路与夫子有这样的对话："君子亦有穷乎?""君子固穷，小人穷斯滥矣。"听闻此话的诸位弟子都被震撼，蔫姜萧然起敬，禁不住起立，子贡禁不住低声"啊"了一声，子路则禁不住手足舞蹈。"鄙人在此感到此生再也离不开师傅，饥饿甚至疲惫不堪之际，夫子仍坚定不移、泰然自若的那副神态，在我看来，是那么的崇高，那么的美好!"[1]

处于人生极度窘困之境时，仍能够坚守且淡定自若，这种君子之风是孔子最大的人格魅力之一吧。"我"此生再也离不开这样的人! 与他们同行、与他们为伍，这是"我"的决心!

吾辈对夫子深感倾心的是夫子对芸芸众生的关爱，对正义知识的热忱，以及意图拯救苦难众生的坚强意志——哪怕救得一人也好。[2]

"逝者如斯夫，不舍昼夜"是孔子的嘉言，在亲历了颜回、子路的去世后，在夫子葬礼的当夜，"我"从这句话之中获得了全然不同于别人的感悟，那就是"生存的力量"[3]。"我"从夫子此言中所感受到的，比任何人都要来得光明而强大! 人生之流与河流相同，汇集各种各样的支流，逐渐壮大，最终朝着大海奔流而去。

所谓的天命，其一是领悟到上天赋予的使命，再就是悟及此项事业既然是在天道运行中，那么成败由天，只管专心致志地跋涉在自己所崇信的道路上即可。这多么伟大! [4]

孔子的天命观中有一种不屈不挠的韧性，14年周游列国的历程，一直是天命之旅，从卫至宋，趋陈赴蔡，奔赴楚地，每一个阶段的失意换

1 [日]井上靖：《孔子》，新潮文库1997年版，第73—74页。
2 [日]井上靖：《孔子》，新潮文库1997年版，第132页。
3 [日]井上靖：《孔子》，新潮文库1997年版，第141页。
4 [日]井上靖：《孔子》，新潮文库1997年版，第159页。

来了朝着下一个阶段的努力，这便是孔子的天命，这便是孔子在天命面前的态度。

井上靖在《孔子》中对于天命的理解与诠释，也与他自己的境遇有着密切的关系。如前说述，创作孔子的过程，也是他与天命抗争的过程。而在对《论语》的理解中，他获得了"生存的力量"。因此可以说《孔子》是井上靖在人生的绝境中找到了面对绝境、面对人生的态度。《孔子》是井上晚年获得生命能量的源泉，也是他对孔子至高景仰的灵魂表达。也许，井上的《论语》理解，与"论语学"的诸多理解很不一样，[1]但这不妨碍井上表达对孔子的景仰，并将《论语》中的普世价值向世界传达。从这一意义上说，《孔子》不仅是井上自身体会、接受《论语》的过程，也是通过他自己的诠释，再现、改变、丰富《论语》内涵的过程。正如里奇在他的结构主义批评中所主张的那样：一切都是阐释。[2]一切事实、形构及规范，一切密文、阅读及书写，一切时兴的事物、虚构的文学作品及想象力，所有社会的风俗、时尚及准则，以及法律、情爱及生活，无不是诠释。

井上对《论语》的阐释，对孔子的理解，是多种理解、多种阐释之中的一种。《论语》正是在不断被重读、不断被阐释的过程中，才会产生不同时代所需的崭新的意义。《孔子》亦然。

像孔子这样清醒的思想家前无古人。"在如此乱世之中，人除了清醒地活下去别无他法。若不如此，所有人都会失去理智。"——孔子认为。[3]

1　如高振铎在《对井上靖〈孔子〉的引文与译文的商榷》(《东北师范大学学报》1991年第3期)一文中对于井上的原文理解提出了一些疑问。

2　[美]文森特·里奇：《解构主义批评：高级导论》，哥伦比亚大学出版社1983年版，第250页。

3　[日]井上靖：《孔子》，新潮文库1997年版，第334页。

孔子虽连续遭受许多挫折，却从不绝望，总是朝着目标继续努力。孔子从没有过我们所谓的"绝望"——或者更应该说，他不可能有这样的"绝望"。但是，既然同为人类，即使是孔子，其一生之中肯定也有过一两次遭遇过我们所说的绝望吧，然而他并不觉得那是绝望，相反，他把这些称作天命，是老天的考验。面对这些考验，他抬起头迎难而上。这也正是孔子与我等凡人的不同之处。[1]这是井上靖眼中的孔子，也是他自己的生命写照。

包括《论语》在内的经典总是在不断地被阅读，不同时代、不同的人对同一本经典有着不一样的理解与阐释。这也是经典的魅力所在。那为什么有不同的理解？这与阅读的目的有关，也与阅读的方法有关。子安宣邦将《论语》的阅读方法分为"内部阅读法"与"外部阅读法"。[2]内部阅读，可以说是知识性的阅读，要求阅读者具有相关领域的丰富知识与学识，能够对此进行理论性建构，从而提出一种学说，既可以是同一性，也可以是批判性。其目的在于为理解经典作补充，或者建构一种

1　[日]井上靖：《孔子》，新潮文库1997年版，第273页。

2　所谓的"内部阅读法"，指的是通过对《论语》内容的解读，对价值上或思想上的某种同一性进行重构的阅读方法，换言之，就是借《论语》对儒学思想、中国思想等概念进行重构时，不断地从《论语》中重复生成此类概念。而所谓的"外部阅读"，则是对这种同一性重构进行批判性阅读，目的是将文本视作开放性的、本源性的，从中发现孔子最本质的"追问"或者"发问"。[日]子安宣邦著，吴燕译：《孔子的学问——日本人如何读〈论语〉》，三联书店2017年版，第5页。另外，关于《论语》的阅读、诠释法，金培懿提出了体认式阅读，此种阅读法给我较大的启发。具体请参照金培懿：《"物语"化——近代日本文化人之〈论语〉法及其省思》，《成大中文学报》，2011年。

完全相反的理解。[1]前一章《近世学者的孔子观》中，不乏这类阅读类型。

而外部阅读法，目的不在于知识性，而是基于阅读者对于经典的理解，在阅读过程中，通过自我体察、自我的生命经验，感知到与此经典相同的价值或者真理，从而进一步加强对于经典的崇信，且将经典的价值作为自己所追求的目标。这种外部阅读不再追求经典中的一字一句的意义解释，而是在于感知其中的价值，并就其价值作出自己的阐释。可以说井上的《论语》阅读就是这种价值性阅读。而他追寻的目的也在于经典的自我价值化。

《孔子》一书的结尾是"我"带领众多孔学研究会的人迎接一场暴风骤雨的场景："任由电光、雷雨、强风拍打面孔，拍打心灵，等候天地之心平静下来，已经成为我迎接暴风骤雨的惯例，也是我的修身之道。此刻让我们效法夫子，一清身心，静坐倾听天地之声。"[2]

几十年前的夜晚，"我"因目睹夫子携众弟子迎接暴风骤雨的场景，便决定追随夫子，这个场景成为"我"人生的转折，几十年来，"我"将此作为我的修行，作为"我"面对风暴的态度，如今，"我"也将率领众人效法夫子。

小说中多次提到这一情节，且首尾呼应。从景仰孔子、接近孔子、追随孔子，进而效仿夫子，成为自我的修行。而今率众学习，从一个人的修行到带领众人修行——这便孔子于"我"的价值与意义，也是孔子对于这个社会的价值与意义！

希望我们都能成为孔子的弟子！

---

1 日本江户时代古学派的伊藤仁斋、古文辞学派的荻生徂徕所做的《论语》理解就属此种"内部阅读"。

2 [日]井上靖：《孔子》，新潮文库1997年版，第421页。

第八章
20世纪日本的孔子研究概观

　　日本人对孔子的研究、解读、阐释、创作，无论是古代还是近代都从未中断，因为对日本人而言，不论任何时代，孔子都是不可或缺的存在。本文将以1945年日本战败这一事件为限，简要分析近代日本的孔子研究，将其分为第二次世界大战之前与之后两个部分。这些孔子研究者中，既有政治家、思想家，也有文学家，甚至还包括有名的经济实业家，通过他们眼中的"孔子"，探讨日本人关注孔子的目的，以及他们如何阐释孔子、建构孔子。[1]

第一节
近代的孔子研究

　　明治维新之后，新政权便着手在政治、经济、社会体制甚至是文化教育方面进行全方位改革。他们以"文明开化"为口号，认为日本应全

1　本章仅对20世纪出版的代表性著作进行概述。近代以前的孔子、《论语》、日本儒学等方面研究成果颇多，包括日本儒学者的孔子研究、中国认识、孔子观，以及日本将孔子政治化的目的等内容。具体请参考刘岳兵：《近代日本儒学研究》，商务印书馆2003年版；刘萍：《〈论语〉与近代日本》，中国青年出版社2015年版；张士杰：《学术思潮与日本近代论语学》，北京语言大学出版社2015年版；等等。

面吸收西洋文明，推进西洋化进程，甚至出现了全盘西化的想法。在此过程中，保守派和开化派展开了激烈的争论。当时，随着西洋化进程，社会上出现了风俗紊乱、道德水平低下、思想意识混乱的局面。政府内部的保守派强烈指责了这一现象。他们认为一味地引进西方文明，无视儒学的"仁义忠孝"是导致社会秩序崩溃的原因。在这样的时代背景下，身为明治天皇侍辅（明治初期宫内省的职务之一，以辅佐、指导明治天皇为目的）的元田永孚是这个反对派的急先锋。他高举尊孔的旗帜，提出"教育大旨"的理念，强调以儒学为基础的道德教育。元田试图以这样的方式，同日益高涨的自由民权运动相抗衡。与此同时，思想家西村茂树出版了《日本道德论》，推动了儒学化的国民道德运动。

1889年，明治宪法的制定实施，标志着近代天皇制国家体制的完成。第二年，政府发布了从国民道德层面支持这一制度的《教育敕语》。这个敕语树立了"近代日本精神支柱"，它的实施也意味着儒学道德的复活。在日本国民对天皇的义务中，《教育敕语》强调以"忠孝"为中心的儒学伦理观，这一内容可以说既适应近代天皇制度的需要，也反映了当时日本的社会现状。[1]自此，井上哲次郎编写的《敕语衍义》得到了明治政府的支持，也给教育界和思想界带来了极大的影响。井上哲次郎主张"国民道德论"，强调"忠孝一体"，可以说给近代日本的儒学和孔子研究带来了很大的影响。在这样的社会风潮和学术氛围下，孔子作为儒学始祖，受到20世纪前期知识分子的关注、推崇。我们来看几篇与孔子相关的代表作品。

首先是孔子祭典会编纂的《诸名家孔子观》（博文馆1910年版），此书收集了当时重要的知识分子们发表的有关孔子研究的论文。当时，江户时期由昌平黉举行的释奠礼已经停止，但在儒学振兴的大背景下，

1　王家骅：《儒家思想与日本文化》，浙江人民出版社1996年版，第173—175页。

明治三十九年到明治四十年，日本社会各界的有识之士组成了以复兴释奠礼为目的的学术团体"孔子祭典会"。孔子祭典会的委员长是嘉纳治五郎，成员有井上哲次郎、加藤弘之、涩泽荣一等人。《诸名家孔子观》共收录有12篇文章，其中有加藤弘之的《崇拜孔子的理由》、涩泽荣一的《实业界眼中的孔夫子》、服部宇之吉的《中和教育》、三宅雄次郎的《日本的孔子教》等大家的论文。

值得一提的是，孔子祭典会与大正七年新创立的斯文会合并（前身是谷干城等人创立的斯文学会），斯文会继承了释奠礼，它在日本也有着巨大的影响。

宇野哲人的《孔子教》也是那一时期的重要作品（富山房1911年版）。宇野哲人（1875—1974）毕业于东京帝国大学，是一位经历了明治、大正、昭和三个时期的学者。他曾在中国、德国留学，他用德国哲学的方式考察中国哲学，研究儒学，编写了许多著作。与此同时，他的长子宇野精一也是非常著名的儒学家。宇野精一的长子、宇野哲人的孙子宇野茂彦也是一名研究中国哲学和文学的学者。在《诸名家孔子观》这本书中，收录了宇野哲人的《孔子的道路与孔子的人格》，它创造了一种"以周公为榜样，有天之信仰并富有同情心"的孔子形象。宇野主张将"儒学"和"孔子教"区分开来，提倡"大义名分"，反对"易姓革命"。从他的理论中可以看出井上哲次郎对他的影响，也能看出宇野的学脉继承。他站在儒学研究的最高峰，将儒学中的伦理观念运用到近代天皇制的集权主义中，确保了天皇制度的延续性。可以说他是近代儒学研究主流的一个重要人物。

服部宇之吉的《孔子与孔子教》（明治出版社1917年版；京文社1926年版）也是这一时期的重要著作。服部宇之吉（1867—1939）是近代日本学术界的代表人物之一。他拥有丰富的政治经验，并曾在中国和德国留学过。服部宇之吉在北京生活期间经历了义和团事件，并写下了《北京笼城日记》一文。他曾在北京致力于教育事业，被清政府授予文科进士的称号，也是历史上唯一一名成为中国"进士"的日本人。在中国生活多年的经历给服部的研究带来了深刻的影响。服部大力提倡"孔子教"，以至于在日本被尊称为"孔夫子"，他是呼吁崇拜孔子最积极的人物之一。在《孔子与孔子教》这本书中，服部主要研讨了孔子的圣德、人格以及中国对孔子的尊崇等方面的内容。他运用伦理学的思维理论，企图分析孔子的思想，弄清"孔子教"的真意。服部提倡孔子崇拜、"孔子教"，与他自身的经历有关，也和当时的时代潮流有十分密切的关系。如上所述，儒学中的忠义仁孝在《教育敕语》发布后，成为日本国民的道德教育基础。在这样的背景下，服部也沿袭了井上哲次郎树立的儒学研究方向，即：适应近代日本的天皇制国家体制以促进"孔子教"成为规范日本社会伦理的中心思想。

此外，山路爱山的《孔子论》（民友社 1905 年版）也值得关注。山路爱山（1864—1917）是明治到大正初期活跃的学者，他既担任评论家又从事历史研究。山路爱山从小就开始学习汉学，后期跟随传教士学习英语并接受了洗礼。此后，他得到了德富苏峰的赏识，进入新闻界工作。他直到晚年都十分活跃，在史学方面留下了大量的研究成果。在《孔子论》中，山路主张"不应把研究孔子作为一项神圣的宗教性崇拜活动"。也就是说，他认为孔子是一个曾真实生活在地球上的人，他不是神，学者应研究的是孔子的人物形象。作为一名历史学者，山路更倡导的是研究历史人物所生活的时代本质。他试图从"作为政治家的孔子"、"作为思想家的孔子"以及"作为伦理家的孔子"这三个角度来分析孔子的人物形象。这与当时东京帝国大学以井上哲次郎为首的教授的研究形成了强烈的对比。山路是一名民间学者、历史学家和基督教徒，正是这样的身份使得他可以从孔子的人格化、儒学的非神圣化这个角度来分析孔子。可以说这是一种理性的、客观精神的表现。

另外值得一提的是住谷天来的《孔子及孔子教》（警醒社1911年版）。住谷曾在汉学塾学习汉学，并修得儒学的素养。后期他接受洗礼信仰了基督教，曾经担任牧师，是一位反对战争、拥护和平的思想家。[1]他与内村鉴三等人有深交，主要致力于新闻创作以及编辑杂志等工作，在媒体界有不小的成就。住谷天来在《孔子及孔子教》中，从孔子的事迹、思想、教养等方面展开论述，具体探讨了孔子性格以及孔子教教养的长处和短处。住谷天来在此书的自序中提到，此书以大胆而又直接的评论方式，分析了东洋人眼中的大圣人孔子作为普通人的一面。他采取的是一种独创的批判性"孔子论"。

此外还有和辻哲郎的《孔子》（岩波书店1938年版）。和辻哲郎（1889—1960）从东京帝国大学哲学系毕业后，于1919年发表了《古寺巡礼》一书，重新发现了寺院建筑以及佛像之美。他也是一位非常出色的伦理学者，他认为人类的存在最重要的是人与人之间的关系，他的存在主义观点很有特色，确立了众所周知的"和辻伦理学"体系。而且，他对文化的各个领域进行了思想史研究。和辻哲郎的《孔子》自1938年在岩波书店初版发行以来，经历了三次重版、加印。他在序文里谦虚地写道，自己并不具备书写孔子、研究孔子的基本素养。但从书的销量来看，他的影响力极大。在这本书中，和辻将孔子与释迦牟尼、苏格拉底、耶稣等圣人相提并论，并赋予孔子"人类导师"的称号。之后，和辻将孔子与世界四圣人对比，探讨孔子与他们的异同，并且对《论语》的原文进行了细致的文献批判，彰显了自己十分敏锐的洞察力。

再来分析一下日本的代表作家——武者小路实笃的著作《孔子》（讲谈社1941年版）。武者小路实笃（1885—1976）是华族出身，在绘

---

1 ［日］大崎厚志：《非战、和平の思想家——住谷天来の研究》，圣学院大学博士（学术）乙第8号，2015年。

画事业上也付出了许多的努力。众所周知，他和志贺直哉、有岛武郎一起创刊了《白桦》，也因此被称为白桦派作家。他提倡人道主义、理想主义，并为实现这一理想建设了"新村"。出身于华族的武者小路实笃接受了日本的儒学教育，尤其是忠君爱国的教育。这些教育给他的思想带来了很大的影响。虽然他后期接触西洋思想并倾向于西洋派，但他反复阅读《论语》后，渐渐地信服了孔子的思想。后期，他致力于《论语》的研究，发表了《论语私观》（岩波书店1933年版）一书。《孔子》是武者小路所写的有关他对孔子以及《论语》的一些感想。在这本书中，武者小路多次表达了对孔子的尊敬之情。他认为孔子是吸收古学并重新传授给世人的最关键人物。他并没有将孔子视为圣人，但强调了人们能从孔子的言行举止中学到让生活更美好的秘籍。

除此之外，孔子也曾出现在文学作品中，如中岛敦的《弟子》。中岛在明治四十二年（1909）出生，33岁就英年早逝。他的汉学修养极高，经常从中国的史实和古代典籍中寻求小说题材，并进行艺术创作。后因其作品《山月记》被收录到日本的语文课本中，中岛敦这个名字开始被人熟知。近代日本文学以私小说居多，但中岛敦的作品与众不同，他拥有着极高的汉文素养，既充分利用中国古典之美又融入了自己的思考和探索。《弟子》是以孔子和子路为中心的师徒故事，它发表于中岛敦去世后的1943年。孔子和子路是在中国众所周知的人物，他运用中国典故对师徒二人的故事进行了改编。孔子面对子路的责难能温和处理、循循善诱并将其收入门下，并以自己的学识和魅力给子路带来了深刻的影响。

在《弟子》这本书里，孔子被塑造成了一个师者形象，从弟子子路这个角度彰显其象征性的意义。《弟子》是让孔子以圣人身份出场，通过描写子路的求学和他对孔子的敬服与守护的故事，充分体现了作者极高的写作水平，同时也彰显了他对中国古典传统文化的喜爱和熟知程度。

最后来分析一下涩泽荣一在《论语与算盘》（忠诚堂1927年版）中所主张的孔子论。涩泽荣一（1840—1931）是明治、大正时期的实业家，致力于多个近代企业的创立与发展。他将《论语》作为德育典范，以提倡"儒教资本主义"而闻名。涩泽因熟读《论语》并倾倒于孔子，被称为实践孔子的第一人。时至今日，他的《孔子——人能变得多伟大》（三笠书房1992年版）、《孔子——一生之心得》（三笠书房1993年版）等书籍仍被不断改编和再版。涩泽重构了孔子的义利观，致力于劝说世人"道德与经济合一"这一理念，形成了与马克斯·韦伯相反的论调。同时，涩泽重新解释了孔子的思想，十分推崇将《论语》作为提高修养和道德教育的手段。当我们对涩泽荣一的《论语》观、孔子观进行考察时会发现，涩泽荣一从孔子身上重新发现了儒学在近代的思想价值。同时他强调在产业经济发展及企业经营管理等层面，对传统文化要取其精华、去其糟粕。

如上所述，1945年前的孔子研究，是在《教育敕语》发布以后、要将传统儒学思想作为社会思想的时代背景下展开的。井上哲次郎的《敕语衍义》，为道德教育与儒学研究提供了参照。与孔子相关的研究及介绍也一直处于学校教育的中心地位，出现了许多关注伦理观、"孔子教"及圣人像等的研究。这些研究及介绍顺应社会风潮，将孔子与"孔子教"神化，服膺于《教育敕语》的规定性语句中。

这一时期，不乏与主流著述不同且充满独特性与创造力的著作，出于每个人的教育背景、经历经验、宗教信仰以及对中国情怀的不同等原因，作者的见解也不尽一致，因此有必要进行更多的梳理和考察。

第二节

现代的孔子研究

1945 年，日本接受《波茨坦公告》并签署投降协定，成为战败国。随后美国单独占领日本，并通过 GHQ（同盟国最高司令官总司令部）对日本进行间接统治，同时开始着手对帝国日本的非军事化和民主化改革。GHQ 下达了改革明治宪法、解散财阀、解散军队的指令，推行了社会体制变革。GHQ 还实施了教育改革，规定废除《教育敕语》，禁止将其视为神圣，禁止朗读《教育敕语》，并制定了新的教育体制。由此，支持万世一系天皇制与维持帝国主义体制的思想层面上的限制得以消除。尽管通过《教育敕语》的解释，儒学成为维持明治日本国体、培育忠良臣民的思想，但也不能否认儒学在实现人心向善的社会道德规范中所发挥的作用。去除忠君思想，革新孔子学说，孝顺父母，信任友人，待人友善等优良道德规范对于学校教育来说都必不可少。战后，因思想言论及出版的自由得到保障，与孔子相关的著述更加丰富多样。[1]随着社会的进步及教育的发展，日本也吸收了中国学者的研究成果，出版了大量研究著作和面向一般民众及儿童的普及类读物，知识的普及与交流变得更加活跃。

首先是津田左右吉的《论语与孔子思想》（岩波书店 1947 年版）。津田左右吉（1873—1961）是一名历史学家，毕业于东京专科学校，后进入"满洲"调查部，在白鸟库吉的指导下研究中国东北、朝鲜的历

1　张宝三、杨儒宾编：《日本汉学研究续探：思想文化篇》，华东师范大学出版社 2008年版，第 190—206 页。

史、地理等。他对日本的记纪神话进行了文献学考证，指出日本创造这些神话的目的是使天皇统治合法化。他的观点遭受到右翼学者的攻击，理由是对天皇的不敬，甚至被诬陷违反了出版法而被判有罪。这件事就是著名的"津田事件"。战后，随着日本的民主化改革，津田左右吉否定皇国史观的研究受到日本学界的关注，成为学界的主流观点。[1]

作为历史学家的津田以实证的方法考察了《论语》是否为孔子的言行录。他认为，《论语》中看不见各章的关联性，所以不能算是一部统一连贯的著书，而且内容也并不一定都是孔子及其弟子的言行录。津田从拟古派的立场出发，进行他自己所寻求的客观研究。虽然津田的研究将拟古派的优点发挥得淋漓尽致，但是就其功用而言仍有一定的局限。[2]津田突破旧有研究框架的研究态度也体现了第二次世界大战以后，日本社会改革及思想解放所带来的价值观的转换。

接下来是贝冢茂树的《孔子》（岩波书店1951年版）。贝冢茂树（1904—1987）毕业于京都大学，继承了京都学派的传统。他着眼于甲骨文字，致力于研究中国古代史，为日本学术的发展贡献了巨大的力量，同时也为战后中日的文化交流倾尽了心力。贝冢把孔子作为研究对象，采用历史的方法把握了孔子生活年代的动向和社会变迁。在此基础上，他明确了孔子的身份、地位、生平等人物形象，并尝试对其思想进行考察。他瓦解了明治政府所构建的神化的孔子形象，展现了生活于历史中的孔子。贝冢论述了孔子面对动乱的社会现状，希望恢复周公所提倡的精神，并重新建立政治秩序与道德规范。虽然他对孔子的主张及思想持肯定的态度，但他并不将孔子视为神圣。在书中，他对《论语》进

---

1 严绍璗:《日本儒坛三闻人——近代日本儒学史主流学者评述》，《世界汉学》第1期，1998年。

2 ［日］宫崎市定:《〈批判・紹介〉論語と孔子の思想 津田左右吉著》，《東洋史研究》第10卷1号，1947年。

行了详细的读解，但正像学者所评论的那样，"尽管尝试了对《论语》进行文献学批判，但是对于《论语》的读法与解释以及《论语》对后人的意义等方面，还有少许疏忽和遗憾"[1]。

另外值得一提的是吉川幸次郎的《中国智慧——以孔子为中心》（新潮社1958年版）。吉川幸次郎（1904—1980）毕业于京都帝国大学，他曾留学中国并在中国文学研究上颇有建树。作为一位文学研究者，他以文学鉴赏的眼光阅读《论语》，他认为《论语》具备了文学作品所必要的丰富的要素，并承认臣服于其魅力之中。[2]吉川将孔子的思想归结于"仁"，并将重点放在了"仁"的解释之上，他提倡信赖人的善意，并致力于《论语》的解读。他认为《论语》中体现了重视人和重视知识的精神。吉川幸次郎学问体系的核心，是中国古典文学。他一生都仰慕中国文学和中国文化，并一直积极钻研探索。所以在他对《论语》的理解和把握中，融入了很多强烈且富有个性的内省，这也使得读者对于孔子和《论语》的解释产生了亲近感。[3]

接下来是白川静的《孔子传》（中央公论社1971年版）。白川静（1910—2006）为汉字的研究作出了巨大的贡献。他致力于通过汉字的解读，来阐明其背后所隐藏的中国古代社会的真实状态。他的著作最近被翻译成中文（吴守钢译，人民出版社2014年版）。这本书使用了文字学和民俗学的研究方法，探讨了圣人孔子的出身、他的生平及孔子思想的传统等各个问题。他探究了孔子所生活的中国社会的实际样态，并由此引出了自己独特的见解。白川静认为《史记·孔子世家》的有关内容中包含了大量虚构成分，他试图研究真正的孔子。作为汉字研究大家的

1　[日]内田智雄：《〈批判·紹介〉貝塚茂樹著〈孔子〉》，《东洋史研究》第11卷5·6号，1952年。

2、3　刘萍：《东亚文化语境中的孔子形象——以近代日本为中心》，《孔子研究》第6期，2014年。

白川静试图通过解字，探寻"儒"的源流。他将"儒"这个字解释为以祈雨为业的男巫，并推测孔子的生母为一名不知名的巫女。孔子在卑贱中成长，终于在晚年成为一代师表，受众人尊敬。他认为孔子伟大的思想不是产生于富贵之身。本书的解说者加地伸行说道，白川所描绘的孔子"既不是伦理道德化身的'绝对的圣人形象'，也不是'相信人善'的孔子，而是历史事实中，更贴近真实、更具体的孔子"。这本书获得了高度的评价，成为具有划时代的历史价值与意义的著作。

值得关注的还有渡边卓的《古代中国思想的研究——孔子传的形成与儒墨集团的思想与行动》（创文社1973年版）。渡边是御茶水女子大学中国文学学科的教授，这本书收集了渡边教授一生的遗著。它由第一部《孔子传的形成》、第二部《孟子的游说生活》、第三部《墨家集团和其思想》、第四部《古代的思想》四部分构成。渡边继承发展了武内义雄和津田左右吉的文献学研究。在《孔子传的形成》部分，渡边区分了历史事实和历史虚构，探究了不同时代思潮中所描绘的孔子形象，在结论部分强调司马迁所记录的《史记·孔子世家》只不过是作者根据自己的孔子观所创作的虚像，并强调应该将历史中真实存在的孔子看作一位学者。虽然这本书的内容和考证还有需要补充之处，但是它阐明了不同时期不同立场的人所创造出的孔子形象也各不相同。此外他还从思想史的角度考证了孔子人物形象的变迁。这种不断接近孔子实际形象的研究态度，非常具有参照意义。

金谷治的《人类知识遗产④ 孔子》（讲谈社1980年版）也是一部重要的著作。金谷有在中国的战争经历，他师从武内义雄，在东北大学从事中国哲学研究，翻译了大量中国古典著作。《人类知识遗产④ 孔子》是一部面向一般读者，使人们了解"人类知识遗产"的著作。这本书由《孔子的思想》《孔子的一生及其时代》《新编〈论语〉》《传承与展开——孔子观的变迁》等构成。该书主要对以"仁"为中心的各种道德条目进行了解说，并深入浅出地论述了孔子的活动，对《论语》进行了解读，并考察了中国与日本的孔子形象变迁。在参考了先行研究的基础上，金谷治试着从学术立场阐明孔子的人物形象，特别是阐明不同时期孔子及其门下弟子们的实像与虚像。

井上靖的《孔子》（新潮社1989年版）已经在上一章进行了详细论述。众所周知，井上靖曾经从事过报刊记者的工作，他为中日友好文化交流作出了巨大的贡献。他的作品十分多样，特别是历史小说多以中国西域为题材加以描写。精妙的结构与富有诗情的表达使他的作品受到了广泛的喜爱，不仅在日本，在全世界都拥有影响力。《孔子》是一部描绘春秋末期乱世中生活的孔子人物像的历史小说。这本书通过创造出架空的弟子，获得创作的自由，借弟子之口表达了作者井上靖的孔子观。这部书被翻译成中文后，也受到了中国读者的好评。以弟子的视角来看，孔子是被弟子所喜爱的老师，是优秀的思想家，同时也是不放弃理想的政治家。井上靖尊重史实，他并没有把孔子视为圣人，只是将孔子作为一个普通人来看待。然后，他把自己对于《论语》的见解运用到作品中，解释了"天命""仁""义"等孔子的思想。例如，"仁"被分为"大仁"和"小仁"。"小仁"是为他人着想，站在他人的角度来考虑事情；"大仁"是治世的仁政。作者描绘了孔子知"天命"、追求"仁"、渴望和平的人物形象。《孔子》是井上靖呕心沥血数年所创作出的最后一部长篇小说，作为他自己的"总决算"，文章中也融入了作者对于孔子、《论语》的思考与理解。也可以通过这部作品来比照作者自己。

此外，还有加地伸行的《超越时空的孔子》（集英社1984年版）、浅野裕一的《孔子神话——作为宗教的儒教之形成》（岩波书店1997年版）、孔健的《孔子传》（河出书房新社1998年版）等。

纵观20世纪，日本关于孔子和《论语》的著述，从未间断。到了20世纪后半期，在价值观多样化的背景下，也出现了质疑传统，甚至是否定传统的倾向。但是无论是质疑还是否定，谁都无法忽视孔子的存在。

本部分概述了近代尤其是第二次世界大战之前与之后两个时段日本有关孔子的研究著作、创作的作品等。除本书列举的这些作品之外，应该还有许多值得研究的作品，等待我们的发现。

同时，由于现在仍有很多日本人喜爱阅读《论语》，今后研究孔子的著作还会层出不穷。不论是赞美也好，批判也罢，不能否认孔子和儒学在日本人精神世界的形成中产生的重大影响。战后否定孔子思想的人可能有所增多，但是在高度发达的日本社会，在不得不重新探求伦理观念、道德教育、经济政策的时代，有识之士还是会回顾给日本文化带来深远影响的孔子思想，从儒学中探求当代社会可以参考的教训和启示。

终 章
孔子在日本的历史轨迹及文化命运

应神天皇十六年（285），《论语》经王仁之手传入日本，自此，以儒家思想为主导的中国制度、思想等内容传入日本。如前文所述，孔子作为儒家思想之鼻祖，在日本被供奉、崇敬，同时也被研究、议论甚至是否定。本章将追溯孔子及其思想在日本的发展轨迹，思考儒学在日本之变迁。

第一节
日本与孔子

《史记·孔子世家》是孔子的基本史料。在孔子逝世后400年的公元前1世纪左右，中国出现了孔子传。儒学传入日本的标志，最著名的是王仁将《论语》《千字文》带到日本，一般认为传入日本的时间是《日本书纪》中提到的继体七年之后。另外，《日本书纪》中有多处反映《论语》精神或直接以《论语》为典据的记载，从中可以看出，儒学早已被日本的知识阶层所熟知。[1]这也说明儒学的知识、思想已经为日本

1　仁德天皇"朕既富""君以百姓为本"的表述明显取自《论语·颜渊》"百姓足，君孰与不足"。

知识阶层与统治者所共有。

天平宝字元年，纪传道学生学习"三史"（《史记》《汉书》《后汉书》）的记载出现在日本的正史中。[1]因此包括《史记》在内的"三史"在天平时期已经成为大学寮的教材。另外，祭祀孔子的释奠在大宝元年二月十一日的记载中就有相关记录，因此大约在8世纪左右，孔子崇拜已经在日本一定范围内普及。而在此之前，儒学知识只在日本贵族阶层内传播，圣德太子（574—622）就是其中著名的代表人物。圣德太子十分尊崇中国文化，达到了"习内教（佛教）于高丽僧惠慈、学外典于博士学哿，而悉达矣"[2]的程度。

603年，圣德太子实施了官制——冠位十二阶。他以孔子思想中的德、仁、礼、信、义、智为标准决定了官位顺序，成功实现了依照才能与功绩授予官位的官制转变。604年，由圣德太子制定的《十七条宪法》颁布实施。在《十七条宪法》中，他规定了君、臣、父、子的阶级制度，也规定了人际关系的秩序。可以说，《十七条宪法》的基本思想就是儒学思想。"国无二君，民无二主，率土兆民，以王为主"的词句以及宪法中第三条、第五条、第六条、第十五条的内容均为儒家思想直接融入宪法的佐证。[3]与此同时，派遣遣隋使、遣唐使至中国的做法也是圣德太子吸收中国文化事业的重要一环。此制度的实施拉开了日本全面吸收中国制度、知识、思想等内容的序幕。自630年至894年的260多年间，日本共派遣使节19次。其中，真正成功的有13次。可想而知，伴随着遣唐使一次次归国，圣人孔子也被越来越多的日本人所熟知。在大化致新之前，中大兄皇子等人曾经跟随南渊请安学习《周孔学说》，南渊请安作为遣唐使，在中国居住过32年。此事在史料中记载如

---

1 《续日本纪》，天平宝字元年十一月九日。

2 《日本书纪》推古天皇元年条。

3 《日本书纪》推古天皇十二年条。

下："详抱黄卷，亲至南渊居处以习孔周之道"。[1]可以看出，回到日本的遣唐使们对大化改新的成功发挥了巨大作用。

另外，遣唐使中也有名垂青史、功标青史之士。遣唐使阿倍仲麻吕（698—770）在中国出仕，一生未归，而回到日本的吉备真备在日本创造了巨大成就。正如本书第二章所述，吉备真备不仅从中国留学归国时把大量的经典、汉籍带回日本，还请回了孔子像。同时，吉备真备还深感日本祭祀孔子的释奠礼仪之不周，重新将释奠礼进行完善。

645年的大化改新之所以成功依靠的是儒家思想。同样，此后的法律也均以儒家思想为指导思想。可见，儒家思想已成为日本政治、社会发展的原动力。在政治改革方面取得成功的日本，开始在中央设置大学寮，同时，在地方也相继设置了国学、府学。前文所论述的菅原道真，曾在赴任之地的府学举办释奠活动。可以推测，随着日本教育体系的完善，孔子也得到了更多人的崇拜与祭祀。

大学寮所使用的教材与中国的国子监教材类似，科目分为明经道与算道。明经道的教科书使用儒家经典的九经。所谓的九经是指《周易》《左传》《尚书》《周礼》《仪礼》《礼记》《毛诗》《孝经》《论语》。其中《孝经》《论语》为必修科目。教育机构的设立，确保了日本官僚体制所必需的儒学知识、思想以及必要的行政能力的培养。与此同时，对于当时的日本人而言，《论语》《孝经》等儒学经典，不仅是知识的来源，更是他们出人头地的必要手段。在此过程中，人们愈加认识到作为儒家始祖之孔子的重要性。

孔子被尊为圣人始见于大宝元年的记录，即祭祀孔子的相关记录。另外，养老元年（717）颁布的《养老令》之学令规定：大学、国学每年春秋二仲月的上丁日举行释奠。

---

1 《皇极纪》三年条。

另外，平安时期的《延喜式》规定更为具体："延喜大学式，载陈设、馈享、讲论之三事，凡诸国学舍，各释奠，国司行之。"[1]正是由于这些具体规定，正如前文所论述的那样，日本在设立孔子庙的同时，举行祭孔的释奠，从古代延续至今天。

另外，关于孔子的祭祀，日本现存几十首释奠诗，前述菅原道真及古代的贵族和知识分子都对孔子怀有深深的敬意。但至日本中世的说话集中，孔子的形象被不断地世俗化，虽然也有像《十训抄》中的孔子受人尊敬的形象，但另一方面，像在《今昔物语集》中，孔子也成为被讽刺甚至是被否定的对象。这反映了中世的时代特色。进入近世，儒学成为日本的官学，被赋予了日本的官方意识形态，于是孔子被林家学派极度推崇，甚至将其"神秘化"。江户中期的古学派伊藤仁斋甚至将孔子称为"最上至极宇宙第一圣人"。

江户时期的各个学派都不断地评论孔子，连日本国派学代表人物的本居宣长都称孔子为"贤人"。但山崎暗斋及其弟子却否定孔子为"王"。

近世日本学者的孔子认识呈多样化倾向，朱子学派学者们对孔子的绝对崇拜也不断遭受质疑。到江户后期，随着"日本型华夷秩序"的抬头，出现了日本中心主义的倾向，前述的山崎暗斋便提出以日本为第一要义的"孔孟之道"。结果，在近代之前，山崎的"孔孟之道"成为儒学在日本的最终命运。之所以这样说，是因为儒学在日本不是作为普世的思想，而只是日本为实现其目的的工具罢了。古代日本，为实现国家统治，引入了儒家的律令制度，而非儒家思想。在中世的战乱中，与佛教相比，儒学成为附属性存在。至近世时期，虽然儒学成为官学，但不可否认的是幕府进行自我正当化时，儒学成为其最重要的工具。

---

1 《续日本纪》卷二《本朝释奠》。

明治维新以后，日本高扬"文明开化"之大旗，全面引入西方文化，在不断西方化的同时，强调将儒学作为基本的道德教育，政府相继发布《教育大旨》《教育敕语》，强调日本国民对天皇的义务。其目的是想让以"忠孝"为中心的儒学伦理观适应近代天皇制的要求。井上哲次郎起草的《教育敕语》获得明治政府的支持，给教育界及思想界带来了巨大的影响。井上主张"国民道德论"，强调"忠孝一体"。可以说，近代日本无论是否将孔子"绝对化"，其目的都只有一个，那就是一切为了他们的"皇国日本"。

第二节
日本的《论语》

正如"最能反映孔子思想，并能体现孔子人格的书，非《论语》莫属"[1]所言，《论语》集中反映了孔子思想的核心。因此，研究《论语》之东传史也即研究孔子学说、儒学之东传史。

根据日本最古老的史书《古事记》和《日本书纪》中国的古代经典是经由百济传来，《论语》大约在5世纪前后传至日本。日本出土的大量《论语》木简就是最有力的证据。自1961年在平城京宫城遗址发现木简以来，日本全国各地挖掘出土的木简已超10万卷。这些木简中，有许多是重复书写同一汉字的习字木简，习字使用的内容以《论语》《千字文》的语句居多。

在著名的藤原京遗址、平城京宫城遗址的发掘中，出土了许多包含《论语》文字的木简。例如，六号、七号、八号的木简均为《论语》的

1　[日]宇野哲人：《論語新訳》，讲谈社学术文库1994年版，第11页。

习字木简。不仅是首都，地方的遗址如静冈县城山遗址（滨名郡可美村）、近江国（滋贺县近江八幡市）也都出土了木简，且木简内容均为《论语》。[1]因此可以说，日本出土的大量《论语》木简，如实地还原了当时孔子思想的传播状况。

表9-1 出土的木简详情[2]

顺序	遗址名	发掘次数	遗构代码	木简编号
1	飞鸟京	104（明日香风17）		
2	飞鸟池遗址	84	sd 01	飞15
3	飞鸟池遗址	84	sk 10	飞13
4	飞鸟池遗址	84	sd 05	飞13
5	石神遗址	122	sk 4066	飞17
6	石神遗址	129	sd 4090	飞18
7	藤原宫			公冶长木简
8	藤原宫	24	sd 170	662
9	藤原宫	115	sg 501	飞16
10	平城京	22	sd 3236	2593
11	平城京	32	sa 4120a	4688
12	平城京	133	sd 1250	
13	平城京长屋王宫	193	sd 4750	1105
14	平城京二条大路	200	sd 5100	
15	平城京二条大路	204	sd 5300	
16	平城京	198	sd 5300	
17	平城京	204	sd 5300	
18	平城京	198	sd 5300	

---

1 王维坤：《试论孔子学说的东传及其影响》，《孔子研究》第3期，1992年。

2 [日]桥下繁：《日本における〈論語〉木簡出土一覧》，《韓国出土木簡の世界》，雄山阁2007年版，第285页。

顺序	遗址名	发掘次数	遗构代码	木简编号
19	平城京	281	sd 7090A	
20	平城京	281	sd 7090A	
21	东大寺	3		
22	阪原阪户遗址		学而木简	
23	袴狭遗址	8	第五遗构	2
24	袴狭遗址	9	sd303	22
25	芝遗址			学而木简
26	观音寺遗址	77		
27	劝学院遗址			
28	城山遗址	14		
29	屋代遗址群		sd 7036	35
30	屋代遗址群		sd 8084	45

可以说，日本出土的如此之多的《论语》木简，证明了《论语》在日本的广泛传播。据三上善孝的研究，7世纪后半期，即孝德天皇时期，日本逐步形成了国宰由中央派遣至地方常驻的体制。地方制度的如此改革，为《论语》向地方社会渗透提供了契机。[1]有研究推测，木简最初用作记录行政文件的帐簿。在完成作为帐簿的使命之后，《论语》习字木简被广泛地运用。[2]

另一方面，多枚《论语》（何晏集解）的木简也被发现，专家据此推测传入日本的《论语》是何晏集解十卷中的内容。到了9世纪，日本流传的《论语》已有多个版本，具体如下：

1　[日]新井重行：《文字と古代日本》，吉川弘文馆2006年版。
2　[日]三上善孝：《日本古代の文字と地方社会》，吉川弘文馆2013年版，第56页。

《论语》十卷（郑玄注）

《论语》十卷（何晏集解）

《论语》六卷（陆善经注）

《论语义疏》十卷（皇侃撰）

《论语疏》十卷（褚仲都撰）

《论语》六卷（无名氏）

《论语义》一卷（无名氏）

《论语音》一卷（无名氏）

《论语弟子录名》一卷

《论语私记》三卷[1]

　　《论语》在日本被收藏、传播、书写的盛况远超出我们的想象。不仅如此，奈良时代日本既有《论语》的抄本，也有训点本和注释本。日本现存最古老的《论语》抄本是清原家的教隆本，是镰仓时期四条天皇仁治年间（1232—1246）的版本，也是何晏本。在抄本出现之后，日本还出现了和刻本。现存最古老的和刻本发行于1364年，是被称作"正平本"的《论语集解》。[2]另外，天文二年（1533）出现了新的和刻本——《天文版论语》。[3]和刻本在日本的出版发行，为《论语》在日本的传播与推广作出了巨大贡献。另外，也可以说日本人可以通过和刻本表达了对《论语》独到的见解与阐释。

　　但是，日本的中世及战国时期被称为佛教之世，这一时期儒学始终

1　[日]藤原佐世：《日本国見在書目録》，光绪十年黎氏《古逸丛书》本。

2　[日]高田真治：《論語文献·注释》，春阳堂书店1937年版。国内的相关研究有严绍璗：《汉籍在日本的流布研究》，江苏古籍出版社1992年版；刘萍：《〈论语〉与近代日本》，中国青年出版社2015年版。

3　[日]川濑一马：《日本書誌学の研究》，讲谈社1971年版。

处于次要地位。早在朱熹逝世后不久，也就是镰仓初期，朱子学的书籍便已通过俊芿等留学生传入日本[1]，但遗憾的是当时未得到重视。在此后的400年间，这些书籍也仅是以五山的寺院、京都的博士家为中心，作为佛典的附属性文献。原因是9世纪后半期，以天皇为中心的中央集权体制变弱儒学作为政治理念的存在基础也随之削弱，儒学不断衰败。取而代之的佛教，发展盛况空前，从贵族佛教至平民佛教，都获得了广泛的支持，同时还得到了镰仓幕府、室町幕府的大力支持。此时，镰仓五山与京都五山的影响已渗透到日本的各个阶层。对于当时的情况，江户时期的儒学家中茎旸谷曾如此评价：

> 自应仁至庆长，百年间，天下大乱，无人读书。虽为出家，豪杰之僧亦持械赴战。儒者、医者、易者、书家、画家中豪杰之人，亦皆学弓马出战场，世道如此，则文学者，仅存柔弱之儒、医、易者、善书画之类。然俗发者，众皆惮兵役，遂髡而栖于寺。是故，读书为出家之业，小儿之习字、为学、求医、占卜、字画等事均至寺中解决。亦以此，诸艺皆为出家之学。[2]

根据上述史料可以看出，当时社会上的所有事情都要依靠寺庙、僧人，寺庙的地位可见一斑。另一方面，儒家成为柔弱者的代名词。这一状况在儒学被官学化的近世才发生了改变。日本在江户时期建立了昌平馆黉问所，并在各地设置了藩校，致力于儒学教育。《论语》从贵族到武士之后又渗透到平民百姓的生活之中。此外，《论语》从阅读、习字的对象发展成学者们的研究对象。《论语》在日本普及和传播过程中，

1　[日]阿部吉雄：《日本朱子学と朝鲜》，东京大学出版会1965年版，第549页。
2　[日]中茎旸谷：《仮名物語》，物州高见编：《広文庫》第13册，东京广文库刊行会1916年版。

林罗山的《论语》等四书训点书发挥了极大的作用。

另一方面，江户时期官学发展的同时，民间私塾也实现了前所未有的发展。以江户时代乃至日本儒学史上有名的学者如古学派的伊藤仁斋、东涯父子或古文辞派的荻生徂徕等为代表的民间私塾数不胜数。[1]《论语》早已普及至平民百姓。在此情况下，日本的《论语》研究中有关《论语》注释的内容越来越多。著名的有仁斋的《论语古义》、徂徕的《论语征》、太宰春台的《论语古训》、龟井南冥的《论语语由》等。江户的儒学家对《论语》研究也好，阐释也罢，都是通过《论语》表达自己的孔子认识。如第六章所述，儒学家与国学家的孔子观呈多样化趋势。

另外，在日本历史上，伊藤仁斋对孔子及《论语》给予了最高的评价。伊藤仁斋在京都的堀川开设了私塾"古义堂"。前来此处学习的有公卿、武士以及町人，据说他的弟子达3000人。他对《论语》如此评价道："增一字则多余，减一字则不足。"将《论语》评价为"宇宙第一书"。另外，仁斋给予孔子最高的赞颂：

> 昔在孔子，傍观古今，历撰群书，特祖述尧舜，宪章文武，殚绌夫难知难行，磅礴光大，不可窥测之说，而立其易知易行，万世不易之道，以为生民之极，传之门人，昭之后世，是故《论语》一书，实为最上至极宇宙第一书。孔子之圣，所以为生民以来未尝有，而贤于尧舜远者，以此也。[2]

仁斋强调孔子之贤远超过尧舜，何故？是因为孔子不是在祖述困难

---

1 ［日］中村幸彦：《近世後期儒学界の動向》，《日本思想史大系四七・江戸後期儒家集》，岩波书店1978年版，第480页。

2 ［日］伊藤仁斋：《童子問》。

之事，而是在祖述简单易行之事。这才是为万民着想的"日用"之道。[1]为探究孔子思想，他著述了《论语古义》。他对《论语》的重视程度，体现在他在《论语古义》的每一卷首都写上"最上至极宇宙第一书"的标语。

> 故愚断以论语为最上至极宇宙第一书，而以此八字冠诸每卷题目上，意不如此，则人不能知论语之理如此之大也。[2]

仁斋将《论语》视为"宇宙第一书"的理由大概如下：

> 盖天下所尊者二，曰道、曰教。道者何，仁义是也。教者何，学问是也。《论语》专言教，而道在其中矣。[3]

对于世界，对于人而言，最重要的是仁义，是学问，这是孔子对世界的最大贡献，尊敬孔子是最理所当然的事情。但同在江户时期，也出现了像前述山崎暗斋那样将"孔孟之道"用于自民族主义的儒学者。

近代之后，《论语》被各种人阅读、阐释、创作、研究，甚至发展出了"论语学"。既有作为教养的《论语》[4]，也有作为哲学思想的《论语》，更有作为创作对象的《论语》[5]。对于《论语》的解释、创作、研

1　[日]小池直：《伊藤仁斎における"平易"と孔子の"教"》，《早稲田大学大学院文学研究科紀要》第55号，2009年，第71—85页。

2　[日]伊藤仁斎：《論語古義・綱領六》。

3　[日]伊藤仁斎：《論語古義・総論》。

4　[日]江口天峰（国彦）：《修養論語》，京文社1929年版。

5　[日]下村湖人：《論語物語》，《下村湖人全集》第一卷，池田书店1965年版。另据刘萍的统计，截至20世纪，日本出版了24种《论语物语》，参考刘萍：《〈论语〉与近代日本》，中国青年出版社2015年版，第244页。

究，证明了在近代日本《论语》仍然拥有不朽的价值。但另一方面，《论语》在第二次世界大战之前的日本，也曾被军国主义利用。对于日本著名实业家涩泽荣一而言，《论语》是"道德与经济的合二为一"。今后日本必定会继续对《论语》进行解读、研究、阐释。

　　通过追溯孔子及《论语》在近代日本的轨迹，我们会发现它与儒学在日本的命运变化息息相关。与此同时，它与日本的发展路线也有联系。

　　古代从大和政权到律令国家的建设过程中，日本实施了一系列的改革，目的是建设以天皇为中心的封建国家。为实现这一目标，日本奋力吸收中国的政治体制、教育制度等内容。《论语》及孔子思想恰好适应了日本的政治需求，被应用到其国家制度中。《十七条宪法》中的《论语》及其他中国典籍是日本古代以天皇为中心的政治理念与理想。派遣遣隋使、遣唐使就是为了效仿中国的治国理念。日本在参照唐礼完善律令制的过程中，分别在中央的大学寮、地方的国学建立起孔庙，并开始举行祭祀孔子的释奠、释菜仪式，对孔子的崇拜逐步加深。

　　对古代贵族而言，朗读、讲授、讨论《论语》等四书五经不仅是其在古代官僚体制中生存的必备素养，同时也是自己身份的象征。因此，古代贵族们将孔子神秘化并将其奉为崇拜对象。孔子在他们心中的地位不可撼动。例如，前面提到的菅原道真的诗作中就有这样的真情流露。

　　但是，这个现象只出现在贵族及律令官僚等极其有限的范围内。正如家永三郎所指出的："日本虽摄取了大陆文化，然其仅学习了船运来的文化财产，并未能学习到孕育该文化财产的社会生活基础……因此未能改革统治阶级的意识，也未能改革生活的深层。"[1]

9世纪后半期，以天皇为中心的中央集权体制变弱，律令体制走向了瓦解。之后，从摄政关白的政治转为武士时代，儒学失去了其存在的基础，逐渐衰退，其重要性减退。

近代以后，全盘西化的日本对中国及中国文化的态度发生了巨大变化。对儒学、孔子及《论语》显示出强烈的关注度。在近代日本最具影响力的启蒙思想家、致力于将西洋文明引进日本的福泽谕吉曾对儒学在日本文明进程中的作用作了如下阐述：

> 不得不说，是佛教与儒学救我国民于夷狄之地，又引我们至今日之文明。尤随近世儒学之盛况，俗间神佛者之妄言为扫除一空，其清蛊世之相，可谓功不可没。[2]

福泽对儒学给予了高度评价。同样，福泽还对孔子进行了如下评价："孔子逝后圣人不复，寻遍中国、日本均不得。"[3]可以看出他视孔子为圣人的态度一直未变。

近代日本受到西方学术风潮影响，致力于将新的学术流派引入国内，相继出现了一批学者，他们运用实证主义、语言学、兰克史学等研究方法对孔子、《论语》进行研究。其中，既有欧化思想家福泽谕吉、研究中国哲学的哲学家服部宇之吉，也有历史研究者山路爱山、津田左右吉等。在文学研究领域，孔子也屡屡成为学者的研究对象，也成为作家进行文学创作的对象。

学者们所描绘的孔子形象千差万别，但很明显，他们与近代以前的

---

1 ［日］家永三郎：《日本文化史》（第二版），岩波书店1996年版，第71页。
2 ［日］福泽谕吉著，松泽弘阳校注《文明论之概略》，岩波书店1995年版，第228页。
3 ［日］福泽谕吉著，松泽弘阳校注《文明论之概略》，岩波书店1995年版，第232页。

孔子形象有着根本性的差异。近代以前日本将以儒学为中心的中国思想作为本国的思想加以运用。因此，从个人修养到公共教育，甚至是国家的正当性都置于儒学思想的内部。但西洋化以后，日本出现了将"中国"和"中国的思想人物"不断进行他者化的倾向。在这一过程中，孔子从人人崇拜的对象转变为一名普遍的历史人物。另外，《论语》内容的本身也遭到了否定。

从孔子思想、《论语》以及孔子在日本的轨迹中可得出以下结论：儒学作为外来思想传入日本后几经变迁，古代日本把儒学作为国家政治理想、政治理念的绝对性存在；至中世，儒学成为依附于佛教的辅助性存在；到了近世，儒学达到鼎盛时期，在政治、教育、教养方面成为整个社会的支配性存在；近代以后，《论语》及孔子思想被近代国家工具性利用，或否定，或称赞，或将其历史化，因此有关孔子及《论语》的研究也越来越多样化、越来越自由。

各个时代的孔子与《论语》，其命运变迁均与日本社会发展有着密切的联系，可以说无论在哪个时代，他们都难逃被"工具化"的命运。[1]但是，无论孔子在日本的命运如何变化，对日本、对日本人而言，孔子与《论语》都是永生的。无论现在还是将来，他们都会被日本人继续提及、讨论和研究。何也？因为孔子早已深入日本人的思想与心灵。

正如100年前宇野曾说："王朝时代，《论语》与《孝经》一同成为大学学生们之必修。镰仓时期，魅力依旧。到德川时代，《论语》已成为稍有学问之人的必读书目。因《论语》自古以来便与我国国民之道德息息相关，故今虽新思想不断涌入，亦犹得世人之尊。"[2]

百年前如此，今亦如此。

1　王健：《儒学在日本历史上的文化命运——神体儒用的辨析》，大象出版社2006年版。
2　[日]宇野哲人：《論語新訳》，讲谈社学术文库1994年版，第11页。

附　录

近世日本的祭孔与统治者

邢永凤　李月珊

在儒家礼仪中，祭孔是最重要的仪式之一。祭孔仪式在亚洲各国至今仍然普遍举行，像我国曲阜的孔庙、日本的汤岛圣堂、韩国的成均馆等。祭孔的历史亦是东亚文化碰撞与交流的历史，同样的文化现象代表着相同文化价值的认同。对祭孔的研究有助于探讨儒家文化的普遍价值，进而促进东亚各国的相互交流与理解。

然而长期以来，儒学研究领域对祭孔仪式的研究并没有给予充分的重视。对日本的祭孔这一集政治性、教育性、宗教性于一体的仪式进行研究，可以探明日本儒学的实态，进而思考儒学对当今东亚以及全世界发展所能发挥的作用。

从现有文献看，日本是中国以外最早建立孔子庙的国家之一，也是最早祭祀孔子的国家。在大宝元年（701），日本就开始祭祀孔子，而且是在国家最高学府大学寮内。后因战乱期，祭孔仪式一度消失，直到近世时期才重新出现。在近世时期，遍布日本各地的290多所藩校和170多所乡校中，多建有孔子庙，并专门辟有祭祀孔子的场所，祭孔活动在日本盛极一时。

但另一方面，在古代中国与朝鲜，祭孔仪式——释奠礼是国家礼制体系的一部分，其代表的道统对王权既有支持作用，又有限制作用，儒学在国家具有权威性地位。在近世日本，祭孔仪式虽没有强制推行，但同时却能发现日本统治者参与祭孔活动的记录。可以说，近世日本祭孔活动的兴起，离不开统治者的支持。本文将考察近世统治者支持祭孔的事实，同时考察祭孔活动对其政治统治所起到的作用。

一、德川义直与孔庙

德川义直（1600—1650），字子敬，是德川家康的第九子，官至二位大纳言，被封为尾张藩主。他自幼修儒学，尊师重道，其藩中有多名儒官，像著名的堀杏庵、武野安宅等，并曾重用中国赴日名儒陈元赟。他还广搜典籍，建立神儒合一的藩学。在藩主中，他被尊为贤明之君。在近世日本祭孔的活动中，德川义直是一位不可忽略的人物。他曾受教于林罗山。元和八年（1622），德川义直请求广岛浅野家，将其儒臣堀杏庵迎至名古屋，给与7百万石的待遇，作为藩儒优待。[1]

宽永十年，德川义直率先在名古屋城内设立孔子堂。关于孔子堂的样子，宽永六年林罗山在从京都返回江户的途中拜访名古屋城时曾作过记述。《罗山林先生文集》卷六十九"拜尾阳圣堂"记载：

> 乙巳十二月六日，赴尾州，奉谒亚相，坐定而后拜孔子堂，苻绘涂小厨子形如堂在奥，有金像尧、舜、禹、周公、孔子，安其中，……左右壁画五色乐器具，其圣像厨前垂，金襕帐，其堂有两扉，筑石为基，高于地四五尺许，堂下有花坞数亩，其傍有文库，书籍殆及一千部……[2]

1　［日］和岛芳男：《德川義直の好學と林門の発展》，《大手前女子大学論集》13，1979年，第76页。
2　另据《敬公时代之御记录》载："十二月六日，林道春名古屋に相越、登城御逢有之、圣像拜礼毕而御飨应。"与林罗山记述一致。

从以上记述来看，孔子堂的规模并不大，其中置有尧、舜、禹、周公、孔子五位先圣的金像。孔子堂的旁边设有书库。关于孔子堂具体是在什么年代建造的，现在暂无史料可考。德川义直曾在孔子堂举行过祭孔仪式。《新川本敬公实录》的《敬正二祖杂记》中载有举行释菜礼时的祭文：

> 宽永十年二月十八日，从二位权大纳言源义直，敢昭告于先圣文宣王。惟王固天攸纵，诞降生知，经纬礼乐，阐扬文教，馀烈遗风，千载是仰，俾兹末学，依仁游艺，谨以制币牺齐粢盛庶品，祗奉旧章，式陈明荐，以先师颜子等配坐，尚飨。
>
> 宽永十年二月十八日，从二位行权大纳言源朝臣义直，昭告于先师颜子。爰以二月十八日，率遵故实，敬修释奠于先圣文宣王。惟子等或服膺圣教，德冠四科，光阐儒风，贻范千载，谨以制币牺齐粢盛庶品，式陈明献，从祀配神，尚飨。

可见当时主祀孔子，以颜子从祀，沿用的是《延喜式》中的规定，以孔子为先圣，颜子为先师。关于孔子的从祀问题，义直还曾与足利学校的庠主进行过讨论。宽文十三年四月，德川义直在参拜日光神社的归途中派儒臣堀杏庵前往足利学校，对当时的庠主睦子讲道：

> 先圣之画像并颜回子路之画像，以子路像可为闵子骞旨亚相君之所宣，况《延喜式》之所记岂及异议哉。[1]

在这里，德川义直对孔子堂的从祀有自己的意见，认为应将子路像

1　［日］堀杏庵：《中山日録》。

改为闵子骞像。为何义直会持有这样的意见？笔者推测，孔门"十哲"中闵子骞以德行与颜回并称，以孝著称。义直尊闵子骞，可能与重视"孝"这一德行有一定关联。关于这一点将在今后做进一步考察。

德川义直对祭孔的最重要的贡献是支持林罗山创建忍冈先圣殿。宽永七年，三代将军德川家光赐予林罗山江户城北的上野忍冈之地，并赐金二百两，以经营学寮，建立塾舍和书库。[1]宽永九年，德川义直帮助林罗山在忍冈建立了孔子庙，即"先圣殿"。据《昌平志》记载：

> 九年壬申冬，尾张源敬公（义直）捐数百金，即其宅地创造庙宇，奉安宣圣及颜曾思孟诸像，且置俎豆，令信胜以时致祭，又书殿额命官匠平内大隅，镌以揭焉，其庙制多处于公之规画云。[2]

也就是说，德川义直为孔庙的建立提供了资金、孔子像、四配像、祭器等，其中，孔子像是德川义直托七条佛师康音制作的。义直还亲题"先圣殿"三字。宽永十年，林罗山在忍冈先圣殿首次举行祭孔典礼，此后这一仪式得以延续。

二、德川光圀与祭孔

德川光圀是江户时代御三家之一的水户藩藩主，是日本历史上的著名人物，日本关于他的传说可谓数不胜数，著名的"水户黄门"便是他

1　据《昌平志》记载："宽永七年庚午冬，大猷大君赐林信胜庄地五千三百五十三坪并二百金，以兴学舍。"［日］犬塚印南：《昌平志》卷一，《日本教育文库（学校篇）》，日本图书中心1977年版，第30页。《大猷院殿御实纪》卷十六中的宽永七年冬条亦有记载。

2　［日］犬塚印南：《昌平志》卷一，《日本教育文库（学校篇）》，日本图书中心1977年版，第30页。《大猷院殿御实纪》卷十六宽永九年条亦有记载。

的传说之一。他尊崇儒学，在文教政策上，重用朱舜水、弘扬儒学，并在自己的藩内实践。他将编纂《大日本史》作为自己的毕生事业。但另一方面，德川光圀很早就对孔庙的建设以及祭孔活动抱有兴趣，并实际参与其中。以下是林鹅峰在宽文五年三月赴德川光圀的参议邸参观时的日记：

> 及日今夏赐官暇归水户则可建圣堂，中华历儒配位事既陈，本朝圣堂以本朝儒者为配位而可也，然本朝无真儒，唯惺窝·罗山二人而已，以二人神主为配云云……[1]

从这里可以看出德川光圀对圣堂的建设早有计划，并就日本儒者藤原惺窝及林罗山为神主进行祭祀的事宜与林鹅峰商议。

也就在宽文五年这一年，德川光圀将明朝遗儒朱舜水从长崎接到江户，作为"宾师"加以礼遇。宽文十年，光圀令朱舜水制作"学宫图说"并以设计图1/30的比例制作了缩小版的"学宫"模型。该模型忠实再现了文庙、启圣宫、明伦堂、尊经阁、学舍、进贤楼、廊庑、射圃、门楼、墙垣的样子。可以看出德川光圀有意采纳明朝的庙学制设立学校。宽文十二年（1672），光圀在水户藩设立了编纂《大日本史》的史馆"彰考馆"，并确立了建设孔庙的计划。德川光圀命朱舜水就祭孔礼仪及祭祀器物等进行详细考订，朱舜水作《改定释奠仪注》，就三献官的官职、祭祀的过程、四配、奏乐等进行了详细的记述。此外，延宝元年，朱舜水在江户驹笼带领水户藩士举行了祭孔的练习。对于当时的情形，《朱舜水记事纂录》中有以下记载：

> 延宝元年，公将造大成殿于府下，假设殿堂于江户驹笼别庄，

---

1 ［日］林鹅峰著，山本武夫校订：《国史館日錄》，续群书类从完成会1997年版，第103页。

使家士就朱之瑜习释奠，启圣公祭及祠堂墓祭仪节。

朱舜水临时设立圣堂，演习祭孔的仪式——释奠，并进行了讲学。仪式中所用的朝服、角带、野服、道服、明道巾、纱帽等都是在朱舜水的指导下仿照明朝的衣冠制作的。释奠礼演习的举行离不开德川光圀的支持。德川光圀礼遇朱舜水，有意识地引进当时明朝的礼仪制度，其目的何在呢？这一点从德川光圀的随笔中可以找到答案：

> 国设学校之事，乃三代遗法，天道之本……其家中诸士，勤务繁多，难行定日会集之事。然停其职务，使之仿书生行事，亦为不妥……士各有职，难于一同。况有志者寡，无志者众。此世之大患。唐土之民有才学者，登科及第，录用为官，故大小学问盛行。日本不行及第取士之法，唯造孔庙、尊祭先圣之事易行。诸侯有志者，可造一两所讲堂，置儒者，广集好学之士，举其能勤者，方为良策。彼之制度、科场作法，甚为难行之事。[1]

光圀认为在日本设立学校、对武士施行学问教育十分必要。然而，

1　[日]德川光圀：《西山公随笔》，《日本随笔大成》第二期第十四卷，吉川弘文馆1957年版，第385页。引文系笔者译，原文为：国に学校を設る事は、三代の遺法にして、天道の本とする所なり。…其家中の諸士、おのおの役義番等のつめ多ければ、日を定めて会集する事あたわず。職務を止て書生のごとくに勤よとは言べからず。…士は職務ありて一同しがたし。いわんやこころざし有はすくなく、志しなきは多きおや。これ世の大患なり。唐にては民の学才あるものを及第のうへにて、官にのぼせ登庸するによりて、大小学問さかんなり。日本にては及第取士の法行はるべからず。ただ孔廟を作りて先聖を祭り尊ぶ事はなりやすし。志しあらん諸侯は、講堂を一両所に作りて、儒者を爰に置き、学を好む士はあつまれと、広く言ふれて、よく勤る人を取あぐるより外はなし。かの砕の制度、科場の作法は、甚だ行はれがたき事也。

日本的武士与中国的书生不同，做学问并非其主要职能，让武士放弃职务一心去读书是不现实的。而且在日本实行中国的科举制度也十分困难。于是光圀认为应该首先设立孔庙，举行祭祀孔子的仪式，进而设立讲堂，安排儒者讲学，以此来达到逐渐凝聚人心的作用。可见，光圀将祭孔作为普及儒学教育的手段加以引进和利用。

除此之外，光圀还曾参加林家的释奠。《昌平志》延宝三年（1675）条记载：

> 三年乙卯八月，释菜孔庙，水户公源光国，右近大夫永井尚征，来观礼。[1]

除了德川光圀，以御三家为首，各大名中均有人积极参加幕府的祭孔相关活动。从《昌平志·礼器志》中亦可见一斑。如：

> 列侯各藉封地之饶，戮力于盛举，以致美于一器……[2]

圣堂中的礼器均为各藩主所进献。尤其是元禄年间，各大名纷纷响应幕府号召，尊儒崇儒。总之，日本的地方统治者对近世日本祭孔的发展亦发挥了很大作用。

三、德川纲吉的崇儒与兴儒

德川纲吉是德川幕府第五代将军，在其任将军之时，大力尊崇儒

1　[日]犬塚印南：《昌平志》卷一，《日本教育文库　（学校篇）》，日本图书中心1977年版，第58页。

2　[日]犬塚印南：《昌平志》卷三，《日本教育文库　（学校篇）》，日本图书中心1977年版，第97页。

学，其统治的时代，被称为"天和之治"。他重用儒官林凤冈，努力推行"文教政治"。另一方面，他推行"生类怜令"，也遭致各种非议。但他崇尚儒学，建立汤岛圣堂，是幕府将军中特立独行的人物之一。纲吉是第三代将军德川家光的第四子，从小聪颖过人，深得幕府第一代将军德川家康的宠爱。其父德川家光担心若不严加管制约束，有可能僭越其兄长，招致意想不到的灾祸。《常宪院殿御实纪》记载：

> 斯者生立，万事皆以谦逊为本。[1]

德川家光对长子继承制的肯定与其继位之前的经历有很大关系，在这里不作详述。就怎样培养德川纲吉的谦逊人格，防止其飞扬跋扈，家光曾经这样对纲吉的生母秋野（桂昌院）讲道：

> 吾生于战国之世，自幼专精武技，未能用力于文学，年若受继大统，素无暇读书，今至行天下大小之机务，凤夜劳心，临事之时悔不能文学者甚多……以文学为第一先务教之，莫使日后为悔。母君涕下……[2]

---

1 ［日］黑板胜美：《統國史大系》卷十二《德川實紀》第四编附录，经济杂志社1903年版，第988页。引文系笔者译，原文为：かかるもの生し立むには、何事も謙遜をもて宗とすべしと仰られしとなり。

2 ［日］黑板胜美：《統國史大系》卷十二《德川實紀》第四编附录，经济杂志社1903年版，第988页。引文系笔者译，原文为："われは戦国の世に生れあひて、幼より専ら武技をのみ研精し、文学にをいては力を用ざるのみならず、年若くて大統を受継しかば、元より読書の暇もなかりしが、今天下大小の機務をとり行ふに至りて、凤夜に心を労すといへども、文学のたらざるをもて、事に臨み折にふれて悔る事少なからず……これを教むには第一文学をもて先務とし、年たけて悔る事あらしむなと仰られければ、母君も御涙うかめてかしこみ給ひ……"

在这里，家光后悔自己只善武艺而不善文学之事，并叮嘱桂昌院对德川纲吉实行良好的文学教育。此处的"文学"指以儒学为主的学问。桂昌院根据这一教育方针对纲吉进行了儒学教育。事实上，从初代将军德川家康的时代起武家就开始重视"学文"了。德川家康于元和元年（1615）制定的近世日本的重要法律性文件《武家诸法度》的第一条便是"文武弓马之道专可相嗜事"，在强调武艺的同时提倡文学修养的必要。在这样的风气中，擅长文事的将军的出现也就不足为怪了。

纲吉当上将军后，非常重视讲学，讲学的内容为儒家经典。延宝八年（1680）九月，纲吉召见林信笃，听其讲解《大学》。此后每月举行三次讲学（讲筵），从元禄六年（1693）到元禄十三年（1700）的8年间，共累计讲学240次。由此可以推算几乎大名每次登城时都会进行讲学。[1]讲学仪式中，除了家门、谱代、外样[2]等诸大名外，还允许旗本、御家人，甚至各宗派的高僧、社人、山伏以及儒生等前来听讲。《常宪院殿御实纪》记载：

> 日光门主为始，家门、国持、普第诸大名、旗本、其他参向公卿及诸寺高僧、硕德、社人、山伏又陪臣之属，稍有好学志者，皆

1　江户时期将军为巩固幕府统治，采取了一系列强化统治的措施。1635年，德川家光修改武家诸法度，设立参勤交代制度，该制规定各藩大名每年都要有一段时间在江户辅佐幕府将军。其中，一些重要的藩国大名，如水户德川家等部分亲藩大名（御三家）及部分谱代大名，以及部分离江户不远的领土不大的大名，要求长期留守在江户，这些被称为"定府"。规定住在江户的大名要定期登城面见将军，为每月的1日、15日、28日。此外像年初、五节句（规定二十四节气中节日）、八朔（八月一日：家康入主江户城的纪念日）等举行仪式的日子也要登城。从《常宪院殿御实纪》所记载的纲吉的讲学次数推算，大名每次登城都要听其讲学。

2　外样大名指的是关原之战前与德川家康同为大名的人，或战时曾忠于丰臣秀吉战后降服的大名。

许其拜听……[1]

据说德川纲吉尤其擅长《孝经》《大学》的讲义，并能流利朗读朱注。在讲学中开讲最频繁的是《周易》。纲吉除了在城中举行例行讲学会以外，还多次亲赴柳泽氏等大名宅邸，亲自讲书，并听取大名或家臣的讲解、讨论。此外，在年初敕使来到江户时，他将其召至城中，以设宴的名义给其讲书。可以说，德川纲吉在城内举行讲学，组织大名听讲以及参加祭孔仪式，其目的是为了推行儒学教育，改变杀伐的社会风气，进而维护其统治的和平与安定。

除了在城中或大名的宅邸举行讲书之外，纲吉还多次在圣庙举行讲学仪式。元禄元年（1688）11月21日，纲吉来到孔庙，与近臣一起听了信笃的讲学。《昌平志》载：

> 命信笃进讲尧典，近侍诸臣咸陪听焉，亦用宽永故事也，讲罢赐宴，猿乐人奏伎，大君欢甚，因起自舞。[2]

元禄三年八月，纲吉聚集老中以下诸役人，亲自讲解《大学》。元禄四年汤岛圣堂重建后，纲吉于二月十一日亲赴圣堂参观祭孔仪式的释

---

1 ［日］黑板胜美：《統國史大系》卷十二《德川實紀》第四编附录，经济杂志社1903年版，第995页。引文系笔者译，原文为："日光門主はじめ、家門、国持、普第の諸大名、旗本、その他参向の公卿及び諸寺の高僧、碩德、社人、山伏または陪臣のともがらまで、いささか好学の志ある者は、皆ねがひのままに拝聴せしめられ……"

2 ［日］犬塚印南：《昌平志》卷二，《日本教育文庫（学校篇）》，日本图书中心1977年版，第60页。

奠，随后来到行殿亲自讲解经书，并听取了林凤冈的讲书。[1]同年，林凤冈在圣堂仰高门的东舍举行公开的讲学，共聚集士庶300人，舍内人满，无法进入舍内的人席地而坐，盛况空前。凤冈这样感慨道：

> 我讲说有年矣，而人众盛多，未见如今日，实文教所致也。[2]

从此，仰高门的讲解经书成为惯例。这样，德川纲吉通过讲学的形式向天下宣告了幕府对儒学的尊崇。林家的圣堂也成为了讲学的场所之一。纲吉亲自执讲，或命儒者、家臣执讲，其对儒学的热心带来了世间崇儒好文的风气。

除此之外，最值得注意的是德川纲吉对汤岛圣堂的建造。元禄元年十月，纲吉曾率老中阿部丰后守正武、户田山城守忠政、土屋相模守政直、牧野备后守成贞等，着盛装拜谒先圣殿。元禄三年，纲吉下令重新选择场所重建孔子庙。关于重建的理由，《昌平志》中有下述记载：

> 孔庙之设，原创于尾张公，而累朝因以加崇隆然，义不本于朝典，殆有阙于盛心。[3]

由于忍冈的孔子庙是尾张德川义直所建，并非幕府的营建，所以幕府对文治尊崇的意图并没有得到充分的体现。"且地逼寺刹，缁流接

1　"释奠孔庙，常宪大君谒孔庙，临观祭仪，移仗行殿亲讲经义。"[日]犬塚印南：《昌平志》卷二，《日本教育文库（学校篇）》，日本图书中心1977年版，第62页。

2　[日]犬塚印南：《昌平志》卷二，《口本教育文库（学校篇）》，日本图书中心1977年版，第64页。

3　[日]犬塚印南：《昌平志》卷二，《日本教育文库（学校篇）》，日本图书中心1977年版，第61页。

踪，夫薰犹不同器，矧儒佛同境乎。"¹即孔子庙所在地毗邻东叡山宽永寺，纲吉认为儒学建筑物与佛教建筑物同处一地极为不妥，欲使儒学与佛教划清界限。新庙殿建在"汤岛"这处地方，于元禄四年竣工，随后将忍冈的圣像及四配像移至汤岛新庙，举行了迁座奉告仪式。《昌平志》记载：

> 四年辛未正月，新庙落成，二月七日奉迁神位，命大学头林信笃致告，……大功报完其庙殿制，规模雄伟，门庑厨廊举以法，故又置行殿、正厅、黉舍、吏房，凡数百楹，碁布并列，其极轮奂，庙学之盛起此。²

由此可见，新建的汤岛圣堂规模要比之前的先圣殿大很多。"当此之时，天下翕然知崇圣，喁然仰文治，大小诸侯皆承盛意，各制礼器购经籍，以赞成其举……"³圣堂成为幕府重视文治的标志，诸大名积极奉纳礼器与经典，以响应幕府的文治政策。

元禄四年二月，新圣堂首次举行祭孔仪式——释奠，纲吉盛装步入大成殿，亲自烧香、礼拜，参观释奠礼。元禄六年以后，每年春季的祭孔仪式将军都会亲临，秋季祭孔则准许尊崇儒学的诸大名前来参加。例如元禄六年八月的释奠中，就有40多位大名藩主盛装参加。

除此之外，纲吉命令林凤冈蓄发，将其任命为"大学头"，并赠与林家"祭田千石"，用来弥补举行祭孔所需的费用，并下令林家子孙后

---

1 ［日］犬塚印南：《昌平志》卷二，《日本教育文库（学校篇）》，日本图书中心1977年版，第61页。

2 《常宪院殿御实纪》元禄四年二月十一日条的记录。

3 ［日］犬塚印南：《昌平志》卷二，《日本教育文库（学校篇）》，日本图书中心1977年版，第62页。

代可继承祭孔仪式的"主祀"一职。纲吉时代之前,忍冈先圣殿的祭孔属于林家的私人祭典,而此后祭孔的性质发生了很明显的转变,开始作为林家的"公职",受到幕府的干预。

综上所述,我们可以看出近世前期日本祭孔具有一个特点,即包括将军、藩主在内的统治者积极参与了祭孔仪式,而日本近世以前的祭孔活动中却鲜有统治者的参与。在中国与朝鲜历史上,祭孔活动作为正统学问思想的代表,具有维护统治者正统地位的意义。尽管近世日本的祭孔仪式与此有所不同,但当时的统治者还是有意识地将祭孔仪式当作实现教化、加强武士教育、维护其统治的重要手段之一。

(此论文是山东大学儒学高等研究院的资助项目"近世日本祭孔研究"的阶段性成果)

暗斋学派的圣贤崇拜与祭孔实践

李月珊

儒学在日本不仅仅是一种"学问"或"处世之道"，它存在偶像崇拜，具有神圣向度。对孔子及其他儒家圣贤的祭祀活动集中体现着儒学者的圣贤崇拜，是儒者信仰生活的重要组成部分。尤其在儒学流行的江户时代（1603—1867），儒者积极实践祭祀圣贤的释菜礼（或称释奠礼）。日本儒者的释菜礼很大程度上参考朱熹的《沧州精舍释菜仪》，在吸收中国、朝鲜历代礼典规定的同时发展出了日本独有的特色。其中值得关注的是江户时代重要的朱子学派之一——暗斋学派。有关暗斋学派"家礼"实践的研究近年来不断取得成果[1]，而关于其祭孔实践的探讨则相对较少[2]。本文在前人研究的基础上，系统整理暗斋学派关于祭祀圣贤的思想学说与具体实践，重点关注该学派的孔子观、道统观与祭祀观，并从这三个方面分别揭示该学派祭孔实践的特色及其形成的原因。这不仅是对暗斋学派思想体系内容的补充，也是对日本儒学研究中长期缺乏关注的儒家信仰层面的初步探讨，进而有助于更好地理解和把握儒学在

1　[日]田尻祐一郎：《絅斎・強斎と〈文公家礼〉》，《日本思想史研究》第15号，1983年；田世民：《近世日本における儒礼受容の研究》，鹈鹕社2012年版；[日]松川雅信：《"朱子"と"日用"のあいだ：絅斎・強斎による〈朱子家礼〉受容》，《日本思想史研究会会報》第29号，2012年；[日]松川雅信：《蟹養斎における儒礼論：〈家礼〉の喪祭儀礼をめぐって》，《日本思想史学》第47号，2015年。

2　参考[日]泽井启一：《山崎闇斎：天人唯一の妙、神明不思議の道》，ミネルヴァ书房2014年版；[英]詹姆斯・麦克姆伦：《武家の釈奠をめぐって：徳川时代の孔子祭礼》，《公家と武家2：王権と儀礼の比較文明史的考察》，思文阁2006年版。

日本近世及近代的发展状况。

一、暗斋学派的孔子观与"孔子非王"论

暗斋学派是江户时代最有影响力的学派之一，其创始者是山崎暗斋，后来学派分化为儒学派和垂加神道派两大支。儒学派崇奉朱子学，据传，其势力曾占儒学界的3/10。暗斋派儒者十分尊崇朱子，"暗斋"的名号就取自朱熹的名号"晦庵"。暗斋派主张直接研读朱子的言论，否定朱子之后的儒者，批判一切与朱子学相抵触的思想和观点，表现出极大的不宽容性。山崎暗斋在晚年曾这样教育门人：

> 语门人曰：我学宗朱子，所以尊孔子也。尊孔子，以其与天地准也。《中庸》云：仲尼祖述尧舜，宪章文武。吾于孔子、朱子亦窃比焉，而宗朱子。亦非苟尊信之。吾意朱子之学，居敬穷理，即祖述孔子而不差者。故学朱子而谬，与朱子共谬也，何遗憾之有？是吾所以信朱子，亦述而不作也。汝辈坚守此意而勿失。[1]

"学朱子而谬，与朱子共谬也，何遗憾之有"一句表现出对朱子的崇信，这种态度似乎超出了一般学者对于学问的态度，更近似一种宗教崇拜式的绝对信仰。山崎暗斋称自己尊崇朱子，就像朱子尊崇孔子一样。孔子"准于天地"，洞悉天地之道。朱子之学"祖述"孔子，而暗斋派对朱子亦是"述而不作"，三者前后一脉相承。

暗斋派儒者对孔子亦十分尊崇。山崎暗斋曾经持有的孔子雕像在后世被暗斋派儒者持续奉祀。然而，信奉"名分"说的暗斋派儒者面临

---

[1] 日本古典学会编：《新编山崎闇斋全集》卷四《闇斋先生年谱》，鹈鹕社1978年版，第410—411页。

"孔子系外国人"的矛盾和困境，对孔子的崇奉受到了神道派的攻击。神道派学者谷秦山这样讲道：

> 日本人当以天照大神为本。唐人当以孔子为本。是道理之至极也。汝亦日本人也。然欲舍天照大神而以孔子为本，其谬不亦甚乎！[1]

在他看来，日本人应当信奉天皇的皇祖神——天照大神，"唐人"才应尊奉孔子，作为日本人不以天照大神为本却以孔子为本，这是一个极大的谬误。这里体现出以日本国为本位的意识，这种意识也同样存在于暗斋派儒者之中。尤其是朱子学说中抵御外族的思想在暗斋派这里发展为"异国"与"本国"的区别意识。山崎暗斋有过这样一段知名的言论：

> 尝问群弟子曰：今方彼邦，以孔子为大将，孟子为副将，牵数万骑来攻我邦，则吾党学孔孟之道者为之如何？弟子咸不能答，曰：小子不知所为，愿闻其说。曰：不幸若逢此厄，则吾党身披坚，手执锐，与之一战而擒孔孟，以报国恩，此即孔孟之道也。[2]

如果孔子、孟子带兵来袭日本，那么与其一战、报效"国恩"才符合孔孟之道。此处体现出一种"道"从属于"国"的地域特殊主义意识及民族主义意识，展现出亲疏远近的世界观。暗斋的这段话曾被弟子及后世学者普遍引用，造成了广泛的影响。

---

1 《秦山先生手简》卷下，青枫会1939年版，第167页。原句为日文，引文为笔者译。
2 [日]原念斋：《先哲丛谈》，松荣堂书店1893年版。

然而值得注意的是，在山崎暗斋那里，儒学与神道是并行不悖的"妙契"关系，皇祖神的天照大神与孔子之间亦不存在明显的对立。在祭祀孔子的仪式中，暗斋派儒者有意回避了孔子的"王号"，反复提倡"孔子非王"说。具体来讲，在中国的官学祭祀中，孔子拥有朝廷封赐的爵号，唐时为"文宣王"，宋时为"玄圣文宣王"或"至圣文宣王"，元时为"大成至圣文宣王"，皆是一种政治身份的体现。日本江户初期的祭孔仪式大都采纳"文宣王"的封号。暗斋派儒者对该问题十分关注。他们时常引用中国明代嘉靖年间的礼仪改革，赞成废除孔子王号的做法。如山崎暗斋在《周书抄略》《文会笔录》中讲道，"则文宣王之谧，决不歆焉"，"唐以来，王祀夫子者，亦非礼之礼"[1]，他批判"文宣王"的王号以及用"八佾十二笾豆"的天子规格之礼来祭祀孔子的做法。

此外，暗斋派儒者浅见纲斋曾作《书孔子封王辨说后》一文[2]，赞成明太祖时期大学士吴沈及嘉靖帝时期大学士张璁的意见，认为孔子生前终属"人臣"的身分，在后世被冠以"文宣王"的王号是"名不正，言不顺"的。此外，三宅尚斋等其他暗斋派儒者也都反对"孔子王祀"。[3]实际看暗斋派实行的释菜，孔子的牌位写的是"先圣孔子神位"[4]，没有使用"文宣王"。

暗斋派儒者一致主张废除孔子的"王号"，这样做就有效避免了孔子祭祀过程中可能引发的名分问题。也就是说，孔子与尧舜等圣王不同，并不属于统治者的谱系。孔子的身份是"儒师"，自孔子之后，"治统"（政治统治的正统）与"道统"（儒家传道的正统）发生了分离。后

1　［日］中村习斋：《释奠类说》，《道学资讲》卷二二〇，日本蓬左文库藏。

2　［日］近藤启吾、金本正孝编：《浅见絅斋集》，国书刊行会1989年版。

3　［日］中村习斋：《释奠类说》，《道学资讲》卷二二〇，日本蓬左文库藏。

4　［日］山口刚斋：《私拟释菜神位图》，日本国立国会图书馆藏。

附　录

世以孔子为"素王"，对其王号的加封及祭祀规格的提升体现出将"治统"与"道统"重新统合于孔子的愿望。而对于暗斋派来讲，天照大神所代表的日本的"治统"与孔子的"道统"之间不应该存在混同，二者是并行不悖、相辅相成的关系。孔子非"王"，就在一定程度上回避了与崇敬本国皇祖神行为之间可能出现的矛盾。

当然，暗斋派的"孔子非王"论并非有意贬低孔子的尊贵地位，即使不"封王"，不同时代的统治者以"极尊之礼"[1]祭祀孔子也是必要的。暗斋派赞成日本的将军及大名实行祭祀孔子的释奠礼。同时，祭祀对象为"师"，而暗斋派又以儒师身份自居，因此他们自身也积极实践祭孔仪式。与其他学派不同的是，他们采用了一种祭祀孔子、朱子及暗斋派儒者等人物的"道统"式祭祀方式。

二、暗斋学派的道统观与道统式祭祀方式

祭祀孔子等圣贤的活动并不是暗斋学派的首创，近世初期林家学派就在幕府的支援下举行了释菜，后来在日本各地藩校中逐渐普及。近世朱子学者多采用朱熹《沧州精舍释菜仪》首创的"道统"式的祭祀方式，即以孔子为首，以颜子、曾子、子思子、孟子为四配，另附二程、周濂溪、张载等朱子学道统谱系人物的做法。暗斋学派进一步发展了这种祭祀方式，除了祭祀传统的中国圣贤以外，还加祭了山崎暗斋、浅见纲斋等暗斋派的先师，这在近世是十分少见的。

这样做的理由，一是出于对暗斋派先师的尊崇，二是出于以暗斋派为儒学道统继承者的自信。后世暗斋派学者认为山崎暗斋继承了孔子、朱子之道，在日本，明"道"者仅山崎暗斋一人而已。他们这样讲道：

1　［日］浅见絅斋：《書孔子封王辨説後》，［日］近藤启吾、金本正孝编：《浅見絅斋集》，国书刊行会1989年版。

深入体味圣人之意之真切处，才知圣人之心。（中略）若不知圣人之意味气象则不能谓之学问。知之者于异国亦甚少。日本于开辟以来无有知之者。（中略）知之者唯嘉右卫门殿一人而已。[1]

暗斋派重视道统之心法，即开天辟地以来圣人传承下来的神圣心法。在日本，能够体认道统心法的只有山崎暗斋老师一人。圣人之心在暗斋派这里成了一种具有神秘色彩的、并非任何人都能体认的事物。此外，暗斋派儒者三宅尚斋在享保十七年（1732）的祭祀告文《告于先师文公朱先生文》中这样讲道：

朱子于精舍书院，苦心力请，百万万计，其尽精神亦可谓至焉。其意盖谓教化隆于上，则天下可平治，道学明乎下，则千岁道可传，道传则明可俟。我山崎先生生于朱子数百岁之后，数千百里之东，得其道于遗编以诏学者，实我邦千岁之一人也。然当天下梦然不知所向之时，大纲奥义唯是之急速开示，未暇及于学校事而没焉。重固幸得见于先生，闻其意之万一。[2]

此处祭告的对象是先师朱子，文中称赞朱子设学使"道"得以传千岁。三宅尚斋盛赞山崎先生在朱子数百年后诞生于数千里之东的日本，称山崎先生从朱子著作中得"道"，并将其昭示于学者。日本千百年来，得"道"者唯山崎先生一人而已。

暗斋派儒者以师从本学派先师为荣，先师代表着权威。在实际讲学

---

1 ［日］若林强斋：《絅斋先生学谈》，［日］近藤启吾、金本正孝编：《浅见絅斋集》，国书刊行会1989年版。原句为日文，引文为笔者译。

2 ［日］三宅尚斋：《告於先师文公朱先生文》，九州大学附属图书馆硕水文库藏。

中，先师的一声咳嗽都被弟子记录下来。暗斋学派具有封闭性特点，体现在师说的绝对化、学习文献的狭隘、对异说的不宽容与排他性等方面。暗斋学派十分注重师承关系，《儒林源流》等书中记载了该学派的师徒继承关系图，就如姓氏系图一般，与其说表现的是学问的道统，不如说更像以秘传口授为传统的教义神道。一方面，儒家的"道"是无远不至、具有普遍性的，所以日本的学者能直接继承"异国"圣贤之心；而同时，"道"并不是任何人都可能体认的，在日本能够体认的只有山崎暗斋及其开创的暗斋学派。

值得注意的是，暗斋学派的儒学派内部也出现了很多分支。《日本道学渊源录》记载，山崎暗斋的门下有"崎门三杰"——浅见纲斋、佐藤直方、三宅尚斋，三人的学脉分别得到继承和发展，一直延续至近代。其中，三宅尚斋一派最重视圣贤的祭祀。三宅尚斋曾亲自祭祀朱子、山崎暗斋、浅见纲斋及佐藤直方。享保十八年（1733）十一月二十二日，三宅尚斋在祭祀告文中这样描述：

> 圣人之道莫所不覆，恽典造化同施，则海东海西亦何择之有，（中略）伏惟我夫子无外之心，于我东方道统之数君子，有犹秋月寒水。则地虽远矣，世虽隔矣，冀监此诚意，谨此聚徒，二落之莫，不腆酒果，以见于夫子之遗像，配以我山崎先生、佐藤先生、浅见先生。尚飨。[1]

圣人之道是不分东西的普遍的"道"，东方的"数君子"（山崎先生、佐藤先生、浅见先生）继承这一"道统"。尚斋引用朱子的诗句

---

1 ［日］三宅尚斋：《洪範全書續録》附记，天保五年速水新写，日本东北大学狩野文库藏。

"恭惟千载心,秋月照寒水"[1]来说明各先生之心与圣贤之心相通的事实。虽然地域和时间相隔甚远,但此处祭祀的"诚意"定能与圣贤相感应。

在暗斋学派内部,类似的"道统式"祭祀十分常见。如浅见纲斋曾主张"可拜孔、曾、子思、孟子、程子、朱子、山崎先生等"[2]。三宅尚斋的门人蟹养斋曾祭祀孔子、孟子、朱子等人及暗斋派的先师,他在巾下学问所的开讲仪式的释菜祝文中这样讲道:

> 恭修释菜之礼,以见于先圣,又以先师兖国公颜子、郕侯曾子、沂水侯子思子、邹国侯孟子配,濂溪周先生、明道程先生、伊川程先生、晦庵朱先生及日本山崎先生、佐藤先生、浅见先生、三宅先生从祀,乡先生小出梁濑二氏,与吾友天木氏,祀于西庑。[3]

由此可见,蟹养斋祭祀了大量暗斋派的人物,除山崎暗斋、佐藤直方、浅见纲斋、三宅尚斋以外,还加祀了自己的乡先生及友人。此后,巾下学问所在每年二月与八月的常规释菜中祭祀"先圣、晦菴朱先生、日本三宅先生"(孔子、朱子、三宅尚斋)。该学堂的释菜不允许从事"道学"以外的人士参加,表现了维护道统纯粹性的特点。

在传承道统的过程中,暗斋学派注重自身学脉的延续,而祭祀先师这种行为,成为体现学派精神的重要手段。同时,先师祭祀与祭祖行为之间的同构性与相似性,使得暗斋派儒者比其他学派更加重视祭祀

---

1 朱熹:《斋居感兴五言诗凡廿首》之一,《朱子文集》卷四。

2 [日]若林强斋:《常話雑記》,[日]近藤启吾、金本正孝编:《浅見綱斋集》,国书刊行会1989年版,第571页。

3 [日]中村习斋:《新堂釈菜儀》,《名古屋叢書第一卷:文教編》,名古屋市教育委员会1960年版,第314—315页。

实践。

三、暗斋学派的祭祀观

在近世日本，很多儒学者虽然尊崇圣贤，却并没有采取祭祀圣贤的行为。释菜活动在暗斋学派中较为常见，这与暗斋派儒者的祭祀观有很大关系。

（一）祭祀圣贤与祭祖

受朱子学影响，暗斋派儒者十分注重《文公家礼》的研读和实践，尤其是儒式祭礼的实践，这被他们认为是朱子学实践的重要组成部分。其中，具有"慎终追远，民德归厚"之效果的丧葬及祭祖礼仪尤其受到重视。值得注意的是，祭祀圣贤与祭祖在结构及原理上具有相似性。暗斋派儒者明确意识到了这一点。三宅尚斋在《祭祀来格说》中曾就"祖考"的祭祀原理这样讲道：

> 江河浩浩，日夜流，往者过来者不已，（中略）前波生后波，与前波只是一条连绵水，（中略）根于理而生，随感而见者气也。虽事已过，祖考已死，然其理则不灭。虽事已过，祖考已死，然其气亦不绝。不灭之理，藏于不灭之气，（中略）而祖考与我，亦只是一条连绵之精神。[1]

在此，三宅尚斋以"理"之不灭、"气"之不绝来解释"祖考"与"我"的精神之连续。三宅尚斋的弟子蟹养斋则用这一祭祀原理解释了释奠的可能性，他在《记祭祀来格说后》一文中指出：

1　[日]三宅尚斋：《祭祀来格说》，日本东北大学狩野文库藏。

天地之气，往者过，来者继，生生不息，精爽常在，祭而有诚，则如在其上，如在其左右。人物之死也，气之粗者朽灭，然犹不必速消，况其精爽，消亦最迟。加之子孙享祀，有以养之，亲友爱慕，有以存之，则与天地并运，生生不息，（中略）盖其有子孙矣，则祖宗之神存焉，设无子孙，或其有盛德大业，口碑史传存之，名之所传，则气之所遗也。是以大禘之享，可以感格厥初生民之祖，释奠之礼，可以享祀二千年前之圣。[1]

　　天地之气生生不息，人之气并不随人的死去而立即消失，"气"能依靠子孙的祭祀得以存养，依靠亲友的思念得以存续。特别是有"盛德""大业"的人物，即使没有子孙，其名字也会靠口碑及史传得以流传，其"气"得以遗存。因此，释奠礼之所以能够祭祀两千年前的圣人，其原理就在于此。也就是说，不管过了多久，圣人之气都可以通过祭祀得以感应。用"理"及"气"来解释的祭祀原理既适用于祭祖，也适用于祭祀圣贤。祭祀圣贤与祭祖在原理上的一致性由此得到体现。

　　除了原理上的一致外，祭祀圣贤与祭祖还被寄托了类似的宗教感情。不管是人的生命还是事业，都面临"承前""传后"的问题。暗斋派儒者也不例外，死后有人祭祀、有人继承学脉无疑是十分重要的。三宅尚斋在学问所培根达支堂的实践中，就面临着死后继承的问题。三斋尚宅与他人间有过这样的对话：

　　　　曰：吾子今设此，百年以后，能保其不绝否？
　　　　曰：不继者，天也。不可豫图其不继而先为之防。若或不继，

1　[日]蟹养斋：《記祭祀来格説後》，《楠本端山·碩水全集》，苇书房1980年版，第651页。

亦可以励后。余固不保其必久，而亦未见其必不久也。（中略）

曰：吾子百年之后，使人执贽于影入于此堂有耶？

曰：影之设，固出于友朋之怜，余不之拒。执贽之事，亦未见其为害也。然欲立此法以维持则拙矣。[1]

可见有人对尚斋死后学堂能否永续的问题提出了疑问。尚斋称，若学堂无法持久，也是"天"意，不必为此过分忧虑，且尚斋相信，会有人把学堂继承下去。尚斋赞成门人在他死后将其"影"（画像）挂于学堂，行"执贽"（祭拜）之礼。他认为，"影"的设置出于同志者之"怜"（思念之情），存在合理性。不过，没有必要为此制"法"（规则）来维持，对师的祭祀是出于崇敬之心的自然行为。暗斋学派注重学脉的传承，先师浅见纲斋死后由于没有子嗣，若林强斋等门人曾试图拥立浅见纲斋的侄子"继学脉，统门人"[2]。

三宅尚斋也存在类似状况，老年丧子后，尚斋对无后之事悔恨无比，却又不能认同日本近世普遍存在的"异姓养子"的做法，于是"设影""执贽"之事便被赋予了学脉传承的期望，同时也成了自身死后的寄托。

（二）报本之义

虽然祭祀圣贤与祭祖在原理及意义上具有相似性，但祭祀圣贤的方式在家礼中没有明确规定。在中国，释菜或释奠礼都是国家典制的组成部分，其祭祀有不同规格，对参与者的身份有不同要求，对一般民众来

---

1 《答疑難書堂説》，《日本道学淵源録》卷四所收，《楠本端山・碩水全集》，葦書房1980年版，第564页。此外，九州大学附属图书馆碩水文库藏《答或问培根达支》也有类似内容："曰，影之设，固出于友朋之怜，余之无嗣，而余亦不之拒。""余之无嗣"一文在《答疑难书堂说》中被省略。

2 ［日］三宅尚斋：《默識録》（地），日本东北大学狩野文库藏。

讲是“尊而不亲”的存在。暗斋派儒者十分重视礼之等级性，浅见䌹斋等人认为，释奠礼事关“国典”，需要遵从官方的指令，若是妄为就容易造成越礼。浅见䌹斋讲道：

> 吾国，中古以来，释奠之礼行，实系国典。官有人焉，仪有制焉，宜然也。若庶人，则尚其德，学其道，虽固所可恭飨，而即非国令所许，非族之祀，礼之大防。（中略）吾国于外国，接一使，通一简，一辞一字，必严必辨，匪经指挥，不敢轻发。至于异舶互市，装载货物，药籍零细之属，又皆有定制大禁，未尝少贷。是以无贵贱无士庶，凡吾国幅陨之外，未敢私窃交际往来。而况于建彼祠祭彼神，则国体所重，僭犯所疑，关系非小。不问其贤否邪正，尤不可得而专也。此吾所谓本根大义，必在名分者尔也。[1]

浅见䌹斋认为，没有得到“国令”而私自举行释奠礼是有违名分的。尤其在“锁国”的时势下，随意建立外国神祠、祭祀外国之神的行为甚至会影响“国体”，构成“非礼”。䌹斋的意见在后世暗斋派儒者中造成了很大影响。三宅尚斋对于在藩校推行释奠礼的行为表现出谨慎态度：“其诚敬尊奉之意，古昔虽许群国祀先圣先师，其法久绝，恐今非经官命难辄行。元来此事关名分之大，䌹斋先生详论之可考见矣。”[2]也就是说，当时的日本尚未就藩国的释奠礼作出相应规定，在没有“官命”的情况下，不宜随意推行。

然而暗斋派亦有很多儒者不赞同此类意见。例如三宅尚斋的门人山宫维深这样讲道：

---

1 ［日］浅见䌹斋：《批积奠策》，［日］近藤启吾、金本正孝编：《浅見絅斎集》，国书刊行会1989年版，第422页。

2 《答山宮維深問》，《耕猟録三》所收，日本国立国会图书馆藏。

方今邦君有建讲堂，则宜藏孔子颜曾子思孟子程朱等像，而朔望佳节君大夫以下亲拜之，惟今在祀典而无列国享祀之令，则未可以辄释莫而已。然古者郡国皆得祭先圣先师，而详见《延喜式》，特其法久绝而已，虽兴之而亦何害。大圣大贤岂西邦之所得而私哉！日出之邦亦亲受其化。道则大中至正之道，人则继天立极之人，吾得以免于禽兽，繋实是赖焉。豺獭尚报本，则我独安得无心于此乎！假令不得祭先圣先师之等，亦当立山崎先生纲斋先生等祠堂，而祀之亦所以报本也。[1]

　　古代日本各郡国皆祭祀先圣先师，其"法"虽断绝已久，如今再兴亦无妨。况且圣贤之道"大中至正"，"西邦"及"日出之邦"皆受圣贤教化。禽兽尚知"报本"，作为人又怎能不报圣贤之恩呢？即使未得官命，也可以设立山崎先生等人的祠堂进行祭祀。总之，不应以礼法为由而废止"报本"之义。

　　此外，暗斋派儒者山口刚斋（景德）明确辨析了圣贤祭祀中"名分"与"报本"的轻重问题。他批判拘泥于"名分"的做法，强调"道"的担当与"报本"之义的重要性。他在《祀圣说》一文中否定了浅见纲斋的"彼我名分之说"：

　　所谓内中国外夷狄之事，岂与夫学校报本之义可同年而语哉！先生平日主张春秋主客之分，其于著述孔孟程朱之外，若真西山、邱琼山诸先辈，皆称以名，谓异域之人，苟不关道统，皆客之也。斯亦已甚其蔽。遂至于祀圣之典，与预防之备混肴，以为国制之所不许，而祀之则僭滥而已矣。果如其言，则国学亦可诬之，无上令

1 《答山宫维深問》，《耕猎録三》所收，日本国立国会图书馆藏。

而毋设也；祀堂亦可诿之，无上令而毋达也；经史亦可诿之，无上令而毋修也；邪异亦可诿之，无上令而毋辟也。果其言是也，则朱子书院之成，释奠先圣从祀以周程诸子及李延平，而史传不见朝令之迹，则不亦僭滥乎！[1]

山口刚斋认为，浅见纲斋的"春秋主客"论会造成弊害，"内中国""外夷狄"之论不可与"学校报本之义"同日而语。"祀圣之典"不应与国家防备问题混淆，不应将祀典完全托付于"国制""上令"。山口刚斋举出朱熹的例子，朱熹在沧州精舍释奠先圣，并以周子、二程子、李延平从祀，这种做法并未事先申请朝廷的准许。山口刚斋认为，当下的日本儒者应像宋学者一样，负起担"道"者的责任："故方今之世，身居侯国师儒之班，以斯道废兴为任者，事事倭之，上令之所不出，而逡巡畏避，则以启上，明无有曰，而礼义之兴，世纲之振，果将责谁。中庸曰，非天子则不议礼，不制度。而程子有神主之制，朱子有家礼之编，此亦不可不思也。"[2]也就是说，列于"侯国"（藩）的"师儒"们应以"斯道废兴"为己任。虽然非天子不作礼乐，但程子曾作神主之制，朱子也曾制定家礼。日本的师儒不应以名分为由荒废"祀圣之典"。尤其日本元禄年间以来，各地藩校兴起，儒学教育呈现"盛势"，因此：

既如是，报本之义独可得而不举哉！但其制若宋明之备则未遽易致，况复三代乎？国体时势之所在，不可如之何。已是以将有所为，则务行其所当行者，姑举大端以为之兆，待他日郁文之化，亦

---

1 《祀聖説》，《耕猟録三》所收，日本国立国会图书馆藏。句读为笔者所加。
2 《祀聖説》，《耕猟録三》所收，日本国立国会图书馆藏。

何不可之有？[1]

山口刚斋意识到，虽然仪礼的实施受到"国体""时势"等客观条件的限制，但当下应做的是行其"大端"，以求将来礼文的完备。因此，当下行"报本之义"成为必然趋势。暗斋派儒者突破了"礼"的限制，以"报本"作为祭祀的根本价值所在。值得注意的是，暗斋派强调的"报本"思想与天皇祖先神崇拜是不相矛盾的，甚至在思维方式上存在相似性。近代以后，天皇作为"报本"对象超越并取代了传统儒家圣贤在教育机构中的独特地位。

四、结语

本文从孔子观、道统观、祭祀观三个方面整理了暗斋学派关于圣贤崇拜的思想学说与具体实践，可以看出，暗斋派儒者尊崇孔子，强调孔子"非王"，避免了孔子崇拜与日本神皇崇拜可能发生的矛盾；暗斋派儒者认为本学派继承儒家道统，坚信山崎暗斋等先师得传圣人之心，将本学派先师与圣人一起祭祀；他们肯定祭祀的意义，相信圣贤之气存于学，认为祭祀圣贤与祭祖存在相同原理，皆关涉自身死后的问题；提倡"报本"，认为报本的意义高于礼仪制度层面的意义。总之，对暗斋派儒者来讲，圣贤的祭祀不单是一种仪式（ceremony），它代表了对自身学派的强烈认同意识，代表了作为"师儒"的安身立命之道，甚至为自我的存在意义提供了终极性的转化。这也正体现了儒学作为价值信仰系统在儒者的生活中发挥的具体作用。

值得进一步思考的是，暗斋派儒者没有否定"王"的祭祀，相反，他们肯定对天皇及其祖先神的崇拜。他们回避的是以孔子为"王"的做

1　《祀聖說》，《耕猟録三》所收，日本国立国会图书馆藏。

法对天皇崇拜及本国国体可能造成的威胁。在儒家学问衰微的近代，天皇的"御真影"作为被崇拜的对象取代了孔子等圣贤的地位。而另一方面，对祭祀意义及"报本"观念的重视使得圣贤祭祀在近代也没有从日本社会中消失，甚至一直持续到了今天。

（本文系山东省社会科学规划项目"日本近世孔庙祭祀与儒家信仰文化"、贵州省哲学社会科学规划国学单列课题"日本近世藩校孔庙祭祀研究"的阶段性成果）

参考文献

中文文献

高明士：《中国中古的教育与学礼》，台湾大学出版中心2005年版。

林俊宏：《朱舜水在日本的活动及其贡献研究》，秀威资讯科技股份有限公司2004年版。

黄进兴：《优入圣域：权力、信仰与正当性》，中华书局2010年版。

孔祥林等：《世界孔子庙研究（下）》，中央编译出版社2011年版。

王家骅：《儒家思想与日本文化》，浙江人民出版社1996年版。

张涛：《孔子在美国：1849年以来孔子在美国报纸上的形象变迁》，北京大学出版社2011年版。

刘岳兵：《近代日本儒学研究》，商务印书馆2003年版。

刘萍：《〈论语〉与近代日本》，中国青年出版社2015年版。

张士杰：《学术思潮与日本近代论语学》，北京语言大学出版社2015年版。

张宝三、杨儒宾编：《日本汉学研究续探：思想文化篇》，华东师范大学出版社2008年版。

日文文献

　　［日］坂本太郎等校注：《日本古典文学大系日・本書紀》，岩波书店1964年版。

　　［日］小岛宪之校注：《日本古典文学大系・懐風藻》，岩波书店1964年版。

　　［日］川口久雄校注：《日本古典文学大系・菅家文草・菅家後集》，岩波书店1966年版。

　　［日］须永金三郎：《足利学校聖像考》，泗水社1915年版。

　　［日］子安宣邦：《“事件”としての徂徠学》，筑摩书房・筑摩学艺文库2000年版。

　　［日］冲田行司：《日本近代教育の思想史研究——国際化の思想系譜》，日本图书中心1992年版。

　　［日］川瀬一马：《足利学校の研究》，大日本雄弁会讲谈社1948年版。

　　［日］铃木三八男：《日本の孔子廟と孔子像》，斯文会1989年版。

　　［日］真壁仁：《徳川後期の学問と政治——昌平坂学問所儒者と幕末外交変容》，名古屋大学出版会2007年版。

　　［日］须藤敏夫：《近世日本釈奠の研究》，思文阁2001年版。

　　［日］小松原涛：《陳元贇の研究》，雄山阁1962年版。

　　［日］大久保利谦：《明治維新と教育》，《大久保利謙著作集四》，吉川弘文馆1987年版。

　　［日］熊泽惠里子：《幕末維新期における教育の近代化に関する研究——近代学校教育の生成過程》，风间书房2007年版。

　　［日］京都史迹会编纂：《林羅山文集》，鹈鹕社1979年版。

［日］林鹅峰：《忍冈南塾乘》（写），日本东北大学附属图书馆藏。

［日］林鹅峰：《国史馆日録（一）》，续群书类从完成会1997年版。

［日］林鹅峰著，日野龙夫编集：《鵞峰林学士文集》，《近世儒家文集集成》，鹈鹕社1997年版。

［日］德川光圀：《西山公随筆》，《日本随筆大成》第二期，十四卷，吉川弘文馆1957年版。

［日］文部省编：《日本教育史资料（六）》，临川书店1970年版。

［日］中山久四郎编：《聖堂略志》，斯文会1935年版。

［日］福岛甲子三编：《湯島聖堂復興記念儒道大会誌》，斯文会1936年版。

［日］宗长：《東路の津登》，《群書類従》18，群书类从刊行会1954年版。

［日］犬塚印南：《昌平志》，《日本教育文庫（学校篇）》，日本图书中心1977年版。

《聖堂復興略志》，圣堂复兴期成会1935年版。

［日］汤浅常山：《文会雑記》，岸上操编：《少年必讀日本文庫第七编》，博文馆1891年版。

《惕斋先生文集》（写），九州大学附属图书馆硕水文库藏。

《慕景集》（写）（别名《慕京集》），日本高知县立图书馆山内文库藏。

《釈奠私議》（写），日本国立国会图书馆藏。

《橋本実万日記》，《天皇皇族実録》，宫内省图书寮编。

［日］新井白石著，东京大学史料编纂所编纂：《新井白石日記》，《大日本古記録》，岩波书店1953年版。

［日］新井白石著，今泉定介编辑：《新井白石全集》，国书刊行会1977年版。

［日］黑板胜美编：《德川実纪》，《新訂增補国史大系》卷四十四，吉川弘文馆1965年版。

《耕猟録三》（写），日本国立国会图书馆藏。

［日］松永尺五：《尺五堂先生全集》，《近世儒家文集集成》卷十一，鹈鹕社2000年版。

［日］黑板胜美编：《延喜式》，《新訂增補国史大系》卷二十六，吉川弘文馆2007年版。

［日］水户彰考馆员纂辑：《朱舜水記事纂録》，吉川弘文馆1914年版。

［日］藤原赖长著，增补史料大成刊行会编：《增補史料大成·台記》，临川书店1966年版。

［日］桥成季编著：《日本古典文学大系·古今著聞集》，岩波书店1966年版。

《釈奠不供肉事》（写），日本东北大学狩野文库藏。

［日］中村习斋：《新堂釈菜儀》，《名古屋叢書第一卷·文教编》，名古屋市教育委员会1960年版。

［日］高桥胜弘：《昌平遺響》（1912年序），日本东北大学附属图书馆藏。

《学習院釈奠次第并作詩》（写），明治二年小杉榲邨写，日本国立国会图书馆藏。

［日］宗良亲王撰，岩佐正校订：《新葉和歌集》，岩波书店·岩波文库1940年版。

［日］北村季文著，福井久藏撰辑：《秘籍大名文庫：幕朝年中行事歌合》，厚生阁1938年版。

《庚戌釈菜記》（写），日本国立国会图书馆藏。

［日］林凤冈著，德田武编：《鳳岡林先生全集（四）》，勉诚出版

2014年版。

　　[日] 日本古典学会编：《新编山崎闇斋全集》卷四，鹈鹕社1978年版。

　　[日] 中村习斋：《釈奠類説》（写），日本蓬左文库藏。

　　[日] 原念斋：《先哲叢談》，松荣堂书店1893年版。

　　[日] 近藤启吾、金本正孝编：《浅見絅斎集》，国书刊行会1989年版。

　　[日] 稻毛实编：《秦山先生手簡》，青枫会1939年版。

　　[日] 吉川幸次郎等校注：《日本思想大系·荻生徂徠》，岩波书店1973年版。

　　[日] 今井宇三郎等校注：《日本思想大系·水戸学》，岩波书店1973年版。

　　[日] 今中宽司、奈良本辰也编：《荻生徂徠全集》卷一，河出书房新社1973年版。

　　[日] 福田耕二郎校注：《神道大系論説編·水戸学》，神道大系编纂会1986年版。

　　[日] 信浓教育会编纂：《長谷川昭道全集》，信浓每日新闻社1935年版。

　　[日] 本居宣长著，大野晋、大九保正编集：《本居宣長全集》，筑摩书房1972年版。

　　[日] 平田笃胤全集刊行会编：《新修平田篤胤全集》卷十，名著出版1977年版。

　　[日] 岐阜县教育委员会编：《岐阜県教育史·史料編·近世》，岐阜县教育委员会1998年版。

　　[日] 长冈高人编著：《岩手県の教育史》，思文阁1986年版。

　　[日] 静冈县编：《静岡県史·通史編四》，静冈县1997年版。

〔日〕坂本太郎：《菅原道真》，吉川弘文馆1962年版。

〔日〕川口久雄：《平安朝日本漢文学の研究》上、下，明治书院1959年、1961年版。

〔日〕黑板胜美编：《国史大系》卷十六，吉川弘文馆1967年版。

〔日〕长野常一：《説話文学論考》，笠间书院1980年版。

〔日〕孔子祭典会编：《諸名家孔子観》，博文馆1910年版。

〔日〕宇野哲人：《孔子教》，富山房1911年版。

〔日〕宇野哲人：《論語新訳》，讲谈社学术文库1994年版。

〔日〕服部宇之吉：《孔子与孔子教》，明治出版社1917年版。

〔日〕山路爱山：《孔子論》，民友社1905年版。

〔日〕住谷天来：《孔子及孔子教》，警醒社1911年版。

〔日〕和辻哲郎：《孔子》，岩波书店1938年版。

〔日〕武者小路实笃：《孔子》，讲谈社1941年版。

〔日〕武者小路实笃：《論語私観》，岩波书店1933年版。

〔日〕涩泽荣一：《論語と算盤》，忠诚堂1927年版。

〔日〕涩泽荣一：《論語講義》全七卷，讲谈社学术文库1977年版。

〔日〕涩泽荣一：《孔子——人間，どこまで大きくなれるか》，三笠书房1992年版。

〔日〕涩泽荣一：《孔子——人間，一生の心得》，三笠书房1993年版。

〔日〕津田左右吉：《論語と孔子の思想》，岩波书店・岩波新书1947年版。

〔日〕贝塚茂树：《孔子》，岩波书店・岩波新书1951年版。

〔日〕吉川幸次郎：《中国の知恵——孔子について》，新潮社1958年版。

〔日〕白川静：《孔子伝》，中央公论社1971年版。

［日］渡边卓：《古代中国思想の研究——〈孔子伝の形成〉と儒墨集団の思想と行動》，创文社1973年版。

［日］金谷治：《人類の知的遺産④孔子》，讲谈社1980年版。

［日］井上靖：《孔子》，新潮社1989年版。

［日］加地伸行：《孔子——時を越えて新しく》，集英社1984年版。

［日］浅野裕一：《孔子神話——宗教としての儒教の形成》，岩波书店1997年版。

孔健：《孔子伝》，河出书房新社1998年版。

论文

韩东育：《朱舜水在日活动新考》，《历史研究》第3期，2008年。

严绍璗：《日本儒坛三闻人——近代日本儒学史主流派学者评述》，《世界汉学》第1期，1998年。

刘萍：《东亚文化语境中的孔子形象——以近代日本为中心》，《孔子研究》第6期，2014年。

高阳：《〈今昔物语集〉及日本中世的孔子故事——礼赞与讽刺之间》，《日语学习与研究》第2期，2011年。

刘嘉韵：《〈宇治拾遗物语〉的特性——围绕孔子故事之流传与演变》，《日语学习与研究》第3期，2011年。

［日］翠川文子：《釈奠（二）——孔子像》，《川村短期大学研究紀要》第11号，1991年。

［日］翠川文子：《釈奠（三）——釈奠図》，《川村短期大学研究紀要》第12号，1992年。

［日］翠川文子：《三条西実隆の釈奠詩会——三条西家所蔵釈奠詩

懐紙の紹介をかねて》，《季刊文学・語学》第57号，1970年。

黄进兴：《伝統中国における孔子廟祭祀とその宗教性》，[日] 林雅清译，吾妻重二、二阶堂善弘编：《東アジアの儀礼と宗教》，雄山阁2008年版。

[日] 波户冈旭：《菅原道真の釈奠詩——式部少輔時代以後》，《儀礼文化》第29号，礼仪文化学会，2001年。

[日] 三浦国雄：《廟——中国における神・人の交わり》，《白井晟一研究（二）》，南洋堂出版1979年版。

[日] 小岛毅：《嘉靖の礼制改革について》，《東洋文化研究所紀要》第117号，1992年。

[日] 吾妻重二：《江戸初期における学塾の発達と中国・朝鮮——藤原惺窩、姜沆、松永尺五、堀杏庵、林羅山、林鵞峰らをめぐって》《東アジア文化交渉研究》第2号，2009年。

[日] 铃木三八男：《朱舜水の携え来った孔子像について》，《斯文》第68号，1972年。

[日] 大泽庆子：《足利学校孔子坐像考》，史迹足利学校研究纪要《学校》第2号，2002年。

[日] 三山进：《近世七条仏所の幕府御用をめぐって——新出の資料を中心に》，《鎌倉》第80号，镰仓文化研究会1996年版。

[日] 柴田良贵、中原笃德：《旧湯島聖堂大成殿孔子像復元》，《美術史料による江戸前期湯島聖堂の研究研究報告集》，筑波大学日本美术史研究室2005年版。

[日] 石川忠久：《朱舜水将来孔子三像対面の儀について》，《斯文》110，2002年。

[日] 柴田一：《岡山藩の藩学と郷学——寛文～元禄期の教育施設の相互関係》，《閑谷学校研究》第1号，1991年。

　　［日］浅利尚民：《岡山藩校の開校をいろどった書——中江藤樹筆"至聖文宣王"と佐々木志津摩筆"学校"》，《閑谷学校研究》第13号，2009年。

　　所功：《冷泉家本〈朝儀諸次第〉と〈釈奠次第〉》，《芸林》第49号，2000年。

　　［英］詹姆斯・麦克姆伦：《荻生徂徠、松平定信と寛政期の孔子崇拝》，《日本思想史研究》第45号，2013年。

　　李月珊：《近世初期林家塾の釈菜礼と聖人の道》，《文芸研究》第180号，2015年。

　　李月珊：《中村惕斎と元禄期の儒教儀礼——釈菜儀節・孔子像に見られる"礼文"と"人情"》，《日本思想史研究会会報》第31号，2015年。

　　李月珊：《近世後期の教育現場における祭祀儀礼——津藩有造館の釈奠をめぐる議論と実践》，《日本思想史学》第48号，2016年。

　　［日］中野昌代：《釈奠3牲奉供をめぐって》，《史窓》第53号，1996年。

　　［日］三橋正：《〈延喜式〉穢規定と穢意識》，《延喜式研究》第2号，1989年。

　　［日］鐙屋一：《中国文化のキメラ——もうひとつの孔教論》，《目白大学総合科学研究》，2009年。

　　［日］尾留川方孝：《穢れと供物の相対性——釈奠と神祇祭祀の差異から論じる成文化当初の穢れ観念》，《人文研紀要》第77号，2013年。

　　［日］清水則夫：《山崎闇斎の聖人観》，《東洋の思想と宗教》第23号，2006年。

　　［日］土田健次郎：《"治統"覚書——正統論・道統論との関係か

ら》,《東洋の思想と宗教》第23号，2006年。

[日] 松浦光修：《国学派の孔子観——宣長・篤胤を中心として》，《神道史研究》第52号，2004年。

[日] 若松信尔：《平田篤胤の儒教批判と聖人論》,《九州女子大学紀要・人文社会科学編》第40号，2004年。

[日] 水口拓寿：《"尼父"と"大神宮"——〈古今著聞集〉神祇編十二話の一解釈》,[日] 小島毅编：《中世日本の王権と禅・宋学》，汲古书院2018年版。

[日] 宮崎市定：《〈批判・紹介〉論語と孔子の思想　津田左右吉著》,《東洋史研究》第10巻1号，1947年。

[日] 内田智雄：《〈批判・紹介〉貝塚茂樹著〈孔子〉》,《東洋史研究》第11巻5・6号，1952年。

[日] 波戸冈旭：《菅原道真の釈奠詩》,《日本文学研究》第25号、26号，1986年。

[日] 宮田尚：《荘子系孔子譚の選択——〈今昔物語集〉巻十への臆説》,《日本文学研究》第18号，1982年。

[日] 上田设夫：《敬して親しまず——今昔物語の孔子》,《国語と国文学》第65号，1988年。

图片出处

第一章

图1-1：大学寮推定图。出自［日］翠川文子：《释奠（三）——释奠図》，《川村短期大学研究紀要》第12号，1992年。

图1-2：《中御座之间北御庭惣绘》（部分），日本蓬左文库藏。

图1-3：《延宝己未忍冈图》。出自［日］犬塚印南：《昌平志》，《日本教育史资料》卷七，临川书店1970年版。

图1-4：《圣堂之画图》（菱川师宣画，元禄四年刊），大东急文库藏。出自《湯島聖堂と江戸時代》，斯文会1990年版。

图1-5：《大成殿图》。出自［日］犬塚印南：《昌平志》，《日本教育史资料》卷七，临川书店1970年版。

图1-6：《昌平坂圣堂总指图》，东京都立中央图书馆藏。

图1-7：《江户名所图会》中宽政期的汤岛圣堂。出自《湯島聖堂と江戸時代》，斯文会1990年版。

图1-8—图1-20：现在日本主要的孔子庙。照片出自笔者拍摄。

第二章

图2-1：纪宗直所作《释奠图》（部分），斯文会藏。出自《足利学校——日本最古の学校、学びの心とその流れ　展覧会図録》，足利市

教育委员会2004年版。

图2-4：狩野探幽《孔子图》，波士顿美术馆藏。

图2-5：谷文晁《足利学校圣像》，足利学校藏。

图2-6：田崎草云《圣像图》。出自［日］河野守弘：《下野国誌》（嘉永三年作），下野国志刊行会1916年版。

图2-7：渡边小华《本尊孔子像模写》，斯文会藏。出自《草創期の湯島聖堂：よみがえる江戸の"学習"空間》，斯文会2007年版。

图2-9：明治四十年的孔子像照片（扩大图），斯文会藏。出自《草創期の湯島聖堂：よみがえる江戸の"学習"空間》，斯文会2007年版。

图2-10：汤岛圣堂的孔子像（复原），斯文会藏。原型制作者为柴田良贵，彩色制作者为程塚敏明。照片提供者为水野裕史。

图2-12：朱舜水带来的孔子像。出自《湯島聖堂と江戸時代》，斯文会1990年版。

图2-18：中江藤树亲笔《至圣文宣王》纸本墨书，林原美术馆藏。

图2-19：萩藩明伦馆圣庙的木主，萩市立明伦小学校藏。

图2-20：加贺藩明伦堂的木主（传朱舜水书），金泽市尾山神社藏。出自《石川県教育史》卷一，石川县教育委员会1974年版。

图2-22：英一蝶孔子画像，斯文会藏。出自《草創期の湯島聖堂：よみがえる江戸の"学習"空間》，斯文会2007年版。

图2-23：弘前藩稽古馆的孔子像。第二次世界大战前为弘前市新谷浅五郎所藏。出自《青森県史》卷二，青森县1926年版。

图2-24：松山藩里仁馆的孔子像，山形县松山町资料馆藏。出自［日］翠川文子：《孔子をまつること》，《能古博物館だより》第14号，1992年10月。

图2-25：东照大权现像（天海题字，木村了琢绘），德川纪念财

团藏。

图2-26：东照大权现坐像，宝永八年（1711）。出自《観音巡礼と那古寺：那古寺観音堂平成の大修理記念企画展》，馆山市立博物馆2006年版。

后 记

异文化世界中的"乡愁",有时具有很大的魔力。平时我们视而不见的东西,一旦出现在另一个文化体系中,反而会产生奇特的吸引力。孔子于我即如此。在日本留学初期,学校组织修学旅行,去了吉田松阴的故乡——位于日本海沿岸的萩市。在萩市的松阴神社,我看到吉田松阴的阅读书目中,《论语》《孟子》赫然在列。另外,我吃惊于吉田松阴的著作中竟然有《讲孟余话》《讲孟劄记》。当时对中日典籍交流知之甚少的我不禁疑惑,中国的经典是怎样传入日本的?为何偏居日本海一隅的吉田松阴会如此热衷于孟子?这一疑问也成为我硕士阶段的研究题目。

时光荏苒,在回国后申请的一个科研项目中,我就选择了儒学经典东传与日本儒学,算是对我一直以来的疑问的探究。之后,我又围绕孔子与日本的关系进行了若干探索。此研究能以这种形式面世,非常感谢浙江大学的王勇教授。王勇教授是我尊敬的学界前辈,他以敏锐的学术眼光、孜孜以求的学术热情,不断拓展着中日交流史、东亚交流史研究的新高度。此次有幸参与他主编的中日文化交流史丛书,深感荣幸。

此书的共同执笔者李月珊助理研究员自硕士阶段起一直从事孔子祭祀研究,现今主持山东省社会科学规划项目"日本近世孔庙祭祀与儒家信仰文化"(17DSSJ01)、贵州省哲学社会科学规划国学单列课题"日本近世藩校孔庙祭祀研究"(17GZGX34)等项目,其学术论文被日本学界高度认可。希望她能在孔子的祭祀研究中继续深耕,不断有新的成果。

本书的第六章《近世学者的孔子观》由马步云博士执笔。另外，还要感谢浙江人民出版社郦鸣枫编辑及本书责任编辑尚婧，感谢她们辛勤的付出和严谨认真的工作态度。

此研究得以成书，被泽于各位学界前辈的研究成果，在此表达我们衷心的谢意。由于才疏学浅，书中不足之处在所难免，也希望得到学界同仁的指正。

孔子是中国文化之根，更是日本文化乃至东亚文化圈的根基。中日文化交流，儒学是原点，孔子更是不可或缺的存在，作为土生土长的山东人，我们愿将此书献给孔老夫子！

2020年，在迎接春天的路上，我们遭遇到了前所未有的风暴：新型冠状病毒肺炎疫情肆虐，全国上下同心，举国之力共抗疫情。相信国家的力量，相信我们一定能迎来春暖花开的那一天！

这几天，再次阅读井上靖的《孔子》。书中有一个反复出现的场景令人感慨，面对突如其来的暴风骤雨，孔子及其弟子正襟危坐，任凭风雨拍打在难上、身上、心上，他们岿然不动，泰然静候天地平静下来。

书的结尾处，孔门弟子携年轻学子，效仿夫子，在风雨中，任凭风吹雨打，静候天地之怒平息。

是啊，面对风雨，泰然处之，这是一种态度，一种处世之道。

我们也不惧风雨，静候天地恢复平静，静候春暖花开！

邢永凤

庚子春龙抬头之日

于锦绣泉城

图书在版编目（CIP）数据

孔子在日本 / 邢永凤，李月珊著. —杭州 ：浙江
人民出版社，2021.11
（新中日文化交流史大系）
ISBN 978-7-213-09733-1

Ⅰ.①孔… Ⅱ.①邢… ②李… Ⅲ.①儒家-研
究-日本 Ⅳ.①B222.05②B313

中国版本图书馆CIP数据核字(2020)第078057号

孔子在日本

邢永凤　李月珊　著

出版发行	浙江人民出版社 (杭州市体育场路347号　邮编　310006)	
	市场部电话：(0571)85061682　85176516	
责任编辑	尚　婧	
责任校对	戴文英	
责任印务	刘彭年	
封面设计	敬人工作室	
电脑制版	杭州兴邦电子印务有限公司	
印　　刷	浙江新华数码印务有限公司	
开　　本	880毫米×1230毫米　1/32	
印　　张	7.5	
字　　数	190千字	
插　　页	6	
版　　次	2021年11月第1版	
印　　次	2021年11月第1次印刷	
书　　号	ISBN 978-7-213-09733-1	
定　　价	68.00元	

如发现印装质量问题，影响阅读，请与市场部联系调换。